ネット配信の進展と放送メディア

日本民間放送連盟・研究所
【編】

学 文 社

執筆者一覧

中村伊知哉　慶應義塾大学大学院メディアデザイン研究科・教授（第1章）

内山　　隆　青山学院大学総合文化政策学部・教授（第2章）

三友　仁志　早稲田大学大学院アジア太平洋研究科・教授（第3章）

大塚　時雄　秀明大学英語情報マネジメント学部・准教授（第3章）

渡邊　久哲　上智大学文学部・教授（第4章）

森本　栄一　㈱ビデオリサーチ（第4章）

春日　教測　甲南大学経済学部・教授（第5章）

阿萬　弘行　関西学院大学商学部・教授（第5章）

森保　　洋　長崎大学経済学部・教授（第5章）

奥村　信幸　武蔵大学社会学部・教授（第6章）

音　　好宏　上智大学文学部・教授（第7章）

林　　秀弥　名古屋大学大学院法学研究科・教授（第8章）

宍戸　常寿　東京大学大学院法学政治学研究科・教授（第9章）

※本出版物に掲載されている客員研究員による研究報告は，各員研究員個人の見解を示したものであり，民放連ないし民放連研究所の公式見解を示したものではありません。

はじめに

2012年3月のデジタル化完了からすでに6年以上が経過した。現在，テレビ放送にとって，インターネットへの対応が喫緊の課題となっていることは論を俟たないであろう。海外におけるOTTサービスの隆盛やリアルタイムのネット配信の進展，若年層のテレビ視聴時間の減少といったメディア環境の変化は，日本のテレビ放送にも大きな影響を与えている。通信との融合サービスの全面的な展開が迫っているとの認識は，放送事業者にも広く共有されつつある。

テレビに先駆けてネットへの対応を開始したラジオは，民放の共通プラットフォームradikoを使って，リアルタイム配信，エリアフリー，キャッチアップ，シェアラジオなどのサービスを提供し，さらにはNHKの参加によって，ラジオ全体でネットによるフルラインナップのサービス構築が進んでいる。テレビに関しても，例えば2015年に開始した民放テレビのネット配信共同サイトTverは，2年あまりで1,000万ダウンロードを突破し，ライブ配信などにも領域を広げている。

一方，ソーシャル・メディアや動画配信サービスが世界的に発展し，グローバルプラットフォーマーのサービスが日常的となるなか，社会に大きな影響を与えるフェイクニュースの流布や，既存メディアのビジネスモデルを破壊しかねない海賊版の蔓延など，新たな問題も発生している。このような時代において，放送メディアが果たすことができる役割と提供できる価値は何か，あらためて問い直すことは重要である。

本書は，民放連研究所の客員研究員会に参加している9名の研究者が，自身の専門分野をベースに，それぞれの問題意識に基づいて，放送メディアが現在抱える課題を取り上げ，議論の方向性や解決の方策を展望する研究を行い，その成果をまとめたものである。「第1部　放送メディア変容の方向性」，「第2部　ネット配信時代の視聴者と地域放送メディア」，「第3部　メディア環境の変化と放送：公共性，自由，自主自律」の3部から構成されている。

第1部「放送メディア変容の方向性」には，放送産業がVR，IoT，AIとい

i

った社会を変えつつある技術とどのように融合していくかを展望した研究（第1章），および1950年代から80年代にかけての映画産業とテレビ放送産業の競争関係の分析を踏まえて，今後のインターネットとテレビメディアの関係を予測した研究（第2章）の2編が収められている。

第2部「ネット配信時代の視聴者と地域放送メディア」には，視聴者が地域放送にどのような価値を感じ取っているのかを，統計的手法に基づき経済的尺度によって客観的に表した研究（第3章），視聴者の放送局への好意度やテレビ接触行動に，世代，時代，年齢がどう影響してきたのかを解明した研究（第4章），テレビ広告が利用者の行動に与える影響や，動画への広告挿入法に対する利用者の選好を実証的に分析した研究（第5章），およびローカル局によるローカルニュース制作の現状と課題を分析し，今後の方向性について検討した研究（第6章）の4編が収録されている。

第3部「メディア環境の変化と放送」には，「放送の公共性」概念の諸相とそれらが通信・放送の融合環境においてどのように変化していくのかを分析した研究（第7章），ケーブルテレビによる区域外再放送における受信者の利益と，地上基幹放送事業者の放送の自由との関係を考察した研究（第8章），および番組審議会制度の運用，評価と課題について整理し，メディア環境が変化するなかでの今後の活用の方向性について考察した研究（第9章）の3編が収められている。

それぞれの研究は，各自の研究や調査をベースとして自由に進められたものであり，さらに民放連研究所の客員研究員会での発表と議論を通じて得られた知見や，ローカルでのフィールド調査の成果などを反映したうえで取りまとめられている。

本書が，根底から変化しつつあるメディア環境の中で，今後の放送メディアの方向性を探り，その対策を講じるための一助になれば幸いである。

2018年7月

三友　仁志

民放連研究所客員研究員会・座長

目　　次

はじめに ………………………………………………………………………………………… i

第1部　放送メディア変容の方向性

第1章　2020, Tokyo, メディア融合 ………………………………………（中村伊知哉）2

第1節　デジタルと融合の四半世紀　3

第2節　スマートファースト　5

第3節　4K8K パブリックビューイング　8

第4節　超スマート　11

第5節　放送技術とスポーツ　16

第6節　スポーツ×メディアの開発事例　19

第7節　課題と展望　24

第2章　メディアの主役が変わるとき：1950 年代〜80 年代,

映画産業とテレビ放送産業 ……………………………………（内山　　隆）27

第1節　はじめに　27

第2節　メディア産業間の競争事例　27

第3節　考　察　52

第2部　ネット配信時代の視聴者と地域放送メディア

第3章　放送の価値へのアプローチ：アンケート調査

に基づくローカル放送の経済的評価 ……（三友　仁志／大塚　時雄）60

第1節　はじめに　60

第2節　調査分析の枠組み　62

第3節　分析および調査の概要　65

第4節　ローカル放送への支払意思額の推定結果　70

第5節　おわりに　82

第4章　ベイズ型コウホートモデルによるメディア意識・行動の変化構造の分析：継続調査データによるテレビ局好意度に関する地域別比較およびメディア間接触比較……………（渡邊　久哲／森本　宗一）86

第1節　はじめに　86
第2節　地上波テレビ局への好意度の時系列変化の構造　92
第3節　地上波テレビ，BS/CS放送，録画再生，インターネットへの接触状況の時系列変化の構造：補足分析　104
第4節　まとめと今後の展望　110

第5章　メディア情報と利用者行動：テレビ広告の事例…………（春日　教測／阿萬　弘行／森保　洋）115

第1節　はじめに　115
第2節　「情報」の視点から見た広告　118
第3節　テレビ広告と株式市場との関係　122
第4節　動画広告に対する利用者選好　128
第5節　まとめと展望　134

第6章　ローカル局のニュース制作能力を再評価する：地方とネット時代の報道のために…………………………（奥村　信幸）138

第1節　はじめに　137
第2節　ローカル局の現状認識と分析　139
第3節　「取材団方式」の効果と限界　150
第4節　他の選択肢はあるか　152
第5節　足元にもあるヒント　157

第3部　メディア環境の変化と放送：公共性，自由，自主自律

第7章　メディア環境の変化と放送の公共性の諸相……………（音　　好宏）164

第1節　はじめに　164

第2節　「放送の公共性」の諸相　167

第3節　メディア環境の変化と「放送の公共性」　169

第4節　「放送の公共性」と通信と放送の融合　175

第5節　「放送の公共性」の担い手たる放送人とネット空間　177

第8章　放送の自由と受信者の利益：区域外再放送をめぐって…（林　　秀弥）179

第1節　問題の所在　179

第2節　ひのき事件　184

第3節　基幹放送事業者の役割と放送の自由　189

第4節　大臣裁定制度の立法者意思　195

第5節　放送法144条3項の「正当な理由」の解釈　201

第6節　結　語　208

第9章　番組審議会の役割と課題………………………………（宍戸　常寿）211

第1節　はじめに　211

第2節　番組審議会の制度　213

第3節　番組審議会の運用と再評価　218

第4節　メディア環境の変化と番組審議会　223

第5節　番組審議会への期待　228

2017年度　民放連研究所客員研究員会の構成………………………………234

第1部

放送メディア変容の方向性

第1章

2020, Tokyo, メディア融合

中村 伊知哉

2020 年東京五輪が近づいてきた。五輪は放送技術を進化させ，世界に普及させる絶好の機会である。

五輪はメディアと常に密な関わりを持ってきた。1936 年ベルリン大会はナチスのプロパガンダで知られ，レニ・リーフェンシュタールの記録映画「オリンピア」が遺されたが，ラジオで世界中継された大会でもあった。NHK 河西三省アナウンサーの「前畑がんばれ」中継を当時のかたがたは鉱石ラジオで聴いた。

1960 年ローマ大会でテレビの録画中継がなされ，カラーテレビが普及した 1964 年東京では衛星で世界中継された。デジタル技術は 1996 年，IBM と CNN の本拠地アトランタでの大会でフル活用され，コンピュータ五輪となった。2000 年のシドニーではブロードバンドが普及し始めたが，放送とネットの融合には時間を要し，2012 年ロンドン大会で全競技が生配信された。ソーシャルメディアとの連携も行われた。高精細な HD へと移行するデジタル放送の五輪でもあった。

2016 年リオデジャネイロ大会では VR（バーチャルリアリティー）や 8K などいくつか実験的な取り組みはあったが，まだメディアの潮流といえるほどの技術革新はなかった。ピョンチャンでもさほどの進展はなかった。したがって 2020 年東京は，デジタル放送，ネット配信の次の大きな変化が一度に現れる大会となる。それは 4K・8K，5G・IoT，VR・AR，ROBOT・ドローン，AI・ビッグデータの五輪になる。これを整理してみたい。

第1節 デジタルと融合の四半世紀

　この四半世紀，放送はデジタル化と通信融合との2大潮流の中にあった。「通信と放送の融合」という言葉は1992年「電気通信審議会答申・情報通信高度化ビジョン」で初めて公式に使われた。郵政省江川晃正放送行政局長による放送デジタル化の発言によって大騒動となったのは1994年のことであるから，融合が議論としてはデジタル化に先行した。

　その後さしたる進展はなかったが，ブロードバンドが普及をみせた2005年には，ライブドアや楽天というIT系の企業が放送局を買収する動きを見せ，放送側は身構えることとなった。ところが世界は動いた。2006年1月の米家電展CESの場で，IT系の企業が一斉にハリウッドや放送局の映像コンテンツを世界配信するビジネスを発表した。米放送局も番組配信に急傾斜，IT系／通信系の企業と矢継ぎ早に連携してコンテンツ事業を展開した。欧州も英BBC，仏FTV，独ZDFなど国営・公共放送局がネット対応に力を入れた。

　日本の動きは緩慢であった。フジテレビがネット配信を開始し，NHKがオンデマンドサービスを始めたのは2008年末のことであり，3年の開きがあった。ハード・ソフト一致を基軸とする日本の放送局は経営が安定し，強固なビジネスモデルを築いていたため，それを崩そうとしなかったのは合理的であった。

　ただ，融合時代の到来を見据えた法制度の改革論は進んだ。2006年総務省「通信・放送の在り方に関する懇談会」，いわゆる竹中懇談会で，通信・放送法制度の抜本的な見直しが論じられた。当時，通信・放送は縦横に入り組んだ約10本の規制法が存在していた。

　筆者は2007年，竹中懇談会を引き継いだ「通信・放送の総合的な法体系に関する研究会」の場で，コンテンツ・サービス・ネットワークのレイヤ別に規制を再編して情報通信法という1本にまとめる案を発議した。趣旨は，技術とサービスの潮流を先取りした制度の抜本的な見直しを行い，その際にしかでき

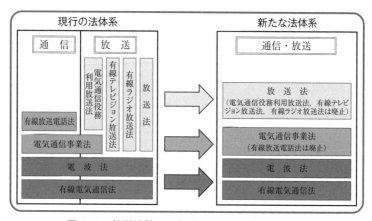

図 1-1　放送法等の一部を改正する法律案の概要
出所）総務省

ない規制緩和，特に電波の規制緩和を行うというものであった。これにより，通信・放送横断のサービス提供，放送のハード・ソフト分離の選択肢，通信放送の両用免許などを実現しよう，とするものであった。

　これに対し，放送及びネットの両陣営から，規制強化につながるのではないかという懸念・批判も示され，議論と調整は難航した。実態よりも制度論が先行し，しかも世界に例のない法体系論だったため，やむを得ない面がある。しかしその結果，有線テレビジョン放送法，電気通信役務利用放送法などの法律が廃止され，コンテンツ：放送法，サービス：電気通信事業法，インフラ：電波法・有線電気通信法という4本にスッキリと整理されて，2011年に施行された（図1-1）。

　ハード・ソフト分離や両用免許などの法律上の枠組みはできた。ただし，その後これが実事業として適用されるケースはわずかしかなく，実態として活用されたとはいえない状況にある。

　その間，放送にとって最重要のテーマは地上デジタル放送だった。地デジとは一体，何だったのか。目的は3つあったと考える。

1）きれい：高精細化。SD から HD に移行すること。

2）べんり：高機能・多機能化。

3）区画整理：電波利用の効率化。

1）の高精細化は達成された。これは視聴者にとって最もわかりやすい変化であり，地デジへの移行を実感せしめた。しかし，より重要なのは 2）である。デジタル化とはテレビをコンピュータ端末にすること，伝送路を通信と同じくコンピュータ回線にすることであり，それは IT の威力をサービスとして反映させることであった。だが地デジならではのサービスとして登場したのはワンセグやハイブリッドキャストなどわずかなものであり，それらも利用者に定着したとは言い難い。コンピュータがもつ多機能・高機能のメリットを活かすサービスは，スマホとネットに持っていかれたといってよかろう。

そしてもうひとつの大事な狙いが電波の土地区画整理である。デジタルの UHF 帯に高層ビルを建てて引っ越し，空いた VHF 帯を更地にして，そこに高層ビルを建てて新しいテナントを入れる。これにより電波の利用効率を格段に高める。これは地上波放送局としては立派に任務を果たし，UHF 帯への移行は完了した。しかし更地の再開発は作業途上だ。V-low では新サービスのマルチメディア放送が始まったが，V-high はいったんサービスが頓挫しており，その間の公共利用空間の整備状況は不透明である。

地デジという巨大事業は，既に終了したと認識されているが，実はその大義は果たされていない。高機能化や跡地整備など，今後手を加えるべき膨大な領域が残されている。無論それは放送業界だけが負うべきものではない。多くの関連業界や行政との連携による手当てを要する。そういう状況にあるということを認識しておきたい。

第2節　スマートファースト

1990 年代以降，メディアのデジタル化が進展した。放送は地デジの名の下，

デジタル化が第一命題となった。端末は PC・ケータイに，伝送路は地デジとインターネットに収斂し，その上にコンテンツが流れるようになった。そしてこの 10 年，世界は一歩進み，「スマート化」が基調となった。端末はスマホやサイネージに，伝送路はクラウドに，その上ではソーシャルサービスが展開されるようになった。

テレビ業界では「スマートテレビ」というバズワードが駆け抜けたが，テレビにネットを接続したものやスマホでテレビ番組が見られるもの，さまざまなビジネスが沸き上がりながら，未だ確かな実像を結んではいない。

通信・放送融合，地デジ整備，そしてスマート化からほぼ 10 年。現状はどうか。主な展開は，1）スマホファースト，2）大画面，3）超スマートの 3 方向ではないか。それぞれ見ていこう。

2017 年は映像ネット配信が本格化した。2016 年は Google ミュージックなど音楽のストリーミング・サービスが話題となったが，早くも映像が主戦場となった。有料モデルもあれば AbemaTV のような無料モデルも現れている。その提供主体も，通信会社，アメリカの IT 企業，日本の放送局など多彩な顔ぶれが見られる。

通信の映像ビジネスは順調に拡大し，有料動画配信サービス利用者数は 1,000 万人を超えた。この状況に対し，かつて消極的だったテレビ局がそれぞれの戦略を打ち出してきている。米テレビ局のプラットフォームである hulu の日本サービスを日本テレビが買収したことに続き，2015 年 6 月，Netflix が上陸するのに際し，フジテレビがコンテンツで協力することを表明した。そこに Amazon も参入し，通信・放送，日米を横断するメディア連携の動きや構造変化の兆しが見られる。

例えば，Netflix が 190 カ国に配信した吉本興業・又吉直樹氏の芥川賞作品「火花」を NHK 地上波がオンエアした事例は，米ネット企業が日本のプロダクションに資金を提供してコンテンツを制作して，ネットで世界展開することがファーストウィンドウであり，国内の放送は二次流通に位置づけられる。映

像産業の構造を変える気配がうかがえる。

　ここで，ネット配信サービスは，テレビ画面を軸とするもの以上にスマホが軸となるものが目立つことに注目すべきであろう。

　サイバーエージェントとテレビ朝日が連携する AbemaTV は，テレビよりスマホを第一スクリーンととらえる若者向けの無料広告モデルであり，スマホを主戦場とする放送的通信サービスの典型である。

　LINE が提供する生放送の配信もスマホ向けのサービスだ。特にスマホを意識した縦型の画面構成であることが特徴的である。サービス開始後，横画面にすると利用が減少することが明らかとなり，映像の構成・制作を専ら縦長にすることとしたという。スマホ世代の映像体験は縦長が基本となる。これは 3：4，9：16 などの規格を巡る過去の議論を遥かに上回るインパクトを映像制作現場に与える地殻変動となり得る。

　ただし全てが順調なわけではない。地デジ移行跡地の V-high を使ったスマホ向け放送 NOTTV は撤退した。ソフトバンクが提供するスポーツコンテンツを軸にしたスマホサービス「スポナビライフ」も 2018 年 2 月，サービス終了を明らかにした。

　もちろん民放も踏み込んでいる。キー局 5 社と広告代理店 4 社が出資したプレゼントキャストによるスマホや PC 向けの広告無料配信サービス「TVer」は，全国ネットの番組だけでなく，準キー局も参画し，放送エリアが制限されているローカル番組も視聴できるようになっている。ネット上の違法配信を撲滅する対抗手段として開始したものであり，その提供番組の充実や権利処理など課題は抱えているが，ひとつのプラットフォームを形作るという胎動としてとらえられる。

　NHK とともに民放が五輪の公式動画配信サイトを立ち上げ，ロンドンやリオでライブストリーミングを行ったのも，民放配信プラットフォームの兆しである。

　注目すべきは「大阪チャンネル」。吉本興業と NTT ぷららが 2017 年 4 月に開始したスマホ向けの配信サービスだ。大阪の地上波民放テレビ局の主に吉本

図 1-2　大阪チャンネルホームページ
出所）大阪チャンネル

興業がからんだ番組が配信され，舞台公演やオリジナル作品も配信される月400円の定額サービス。大阪以外の放送局にも広がりを見せつつある。テレビ局のプラットフォームをプロダクションと通信会社が作っているというモデルであり，テレビ版 radiko に発展する可能性もある（図 1-2）。

第3節　4K8K パブリックビューイング

　新しい映像メディアの2つめの方向は，スマホと対局をなす「大画面」の進化である。2018年12月から BS 及び CS で 4K8K 放送が開始されるが，先立ってブロードバンドでの配信が広がっている。4K8K は通信先行である。

　屋外・屋内の大画面メディアとして整備されるデジタルサイネージ。筆者が代表となって「デジタルサイネージコンソーシアム」を設立して10年になる。設立当初は「電子看板」という呼び名のほうが主流であった。看板，つまりスタンドアロンの屋外広告媒体であったが，屋内にも整備され，コンテンツも防

災情報・公共情報を含むメディアへと拡張していった。そしてそれらが通信回線で連結されるようになり，面的な広がりを見せている。産業としても本格的な離陸を迎えつつある。

毎年6月，14万人の来場者を迎える幕張での展示会「デジタルサイネージジャパン」。2017年では4Kはもはや注目されず，8Kが当たり前の存在となった。シャープは70型マルチ16面で280インチの8Kサイネージを展示していた。

さらにこれを街頭のエンタテイメントとして発展させているのがパブリックビューイングである。取り分け4K8Kの大画面スクリーンによる音楽やスポーツなどのライブ中継・鑑賞が賑わいを見せている。

スカパーJSATは2017年3月，クラシックバレエ公演「ニーナ・アナニアシヴィリの」の4K有料ライブビューイングを実施した。東京文化会館で開催されたバレエを生中継し，TOHOシネマズ日本橋などの映画館で上映したものだが，3,000円のチケットが発売即完売だったという。

スポーツバーでのライブ観戦は定着した感があるが，2017年3月のワールド・ベースボール・クラシックでは，羽田空港ターミナルに150席の330インチパブリックビューイングが用意されるなど各地で盛り上がりを見せた。

こうしたライブビューイングがビジネスとしても成立することが実証されつつあり，ディスプレイや通信・放送，映像・エンタテイメント業界が新市場として注目している。それら業界が新事業としてデジタルサイネージに注目した10年前の熱気が蘇るようである。

大画面でのライブの共有は，音楽業界のライブ強化とも軌を一にする。若い世代がスマホを片手に家の外に飛び出し，ソーシャルメディアでつながりつつ，集まって騒ぎ楽しむのは，スマホ世代の娯楽文化としてひとつの潮流となっている。4K8Kはそのインフラとなる。

2020年の東京大会は，家のテレビで見る，外出時にスマホで見る，だけでなく，街のパブリックビューイングで，スマホ片手にみんなが一体感・参加感を共有しつつ盛り上がるものになるだろう。

NHKは8KでのパブリックビューイングをメガネなしのVRととらえて熱を入れている。4Kの画素数はハイビジョンの4倍、8Kは16倍の超高精細を誇るが、それ以上に視聴者に与えるインパクトは、視野角に求められる。2Kは30度、4Kは60度、8Kは100度の視野角とされる。100度になると視界全部がディスプレイで覆われる感覚を与えることになる。

同時に、音も大切だ。NHKが推し進める22.2マルチチャンネルの音響であれば、前後、左右に加えて上下方向にも3層のスピーカ群を持つため、音を忠実に再現する。オーディオビジュアルの再現度は非常に高い。

NHKは2016年、リオ・オリンピックの試合を8Kでリアルタイム中継した。リオに20台のカメラを送り、2本の光回線で映像と音響を日本に伝送。映画館のスクリーンを凌ぐ520インチのスクリーンに4Kのプロジェクター4台を配備して8K映像を投影するとともに、22.2マルチチャンネル音響もアウトプットした。

バスケットボール、走り幅跳び、柔道……それら試合を渋谷のホールで視聴した筆者は、リオの会場に居る以上の映像・音響による「体験」を味わった。

図1-3　映像配信高度化機構ホームページ
出所）映像配信高度化機構

視聴というよりも，その場に居る体験，いや，その場では味わえない，臨場感を超えるリアリティーを，他の参加者とともに共有した。

　2020年の東京大会は，こうしたメディア体験を定着させる場となろう。民放・NHKはじめ多くの事業者が4K8Kのパブリックビューイングを整備しつつあり，政府も2020年に向けたIT基盤としてその整備を促進している。総務省は「2020年に向けた社会全体のICT化推進に関する懇談会」を設置，デジタルサイネージや4K8Kパブリックビューイングを全国整備する方針を掲げている。

　これを受け，民間としても，超高精細映像の技術開発やプラットフォーム開発を進め，パブリックビューイング施設の整備を行うため，2017年に「映像配信高度化機構」を設立した。NHK，NTT，NTV，スカパーJSATなど20社が集い，筆者が理事長を務めている。2020年には4K8Kのパブリックビューイング会場を全国100カ所に整備する方針である（図1-3）。

第4節　超スマート

　3つ目の方向はスマート化の次の世界，「超スマート」とでも呼ぶべき段階への突入だ。それは1）ウェアラブルコンピューティング-VR，2）IoT（Internet of Things），3）AI（人工知能）に代表される環境である。ウェアラブルにしろ，IoTにしろ，AIにしろ，技術的には15年ほど前に開発ブームを迎えていたものであり，それらがスマート化の進む間に高度化・低廉化を遂げ，実用化・普及段階に入った。

　これら機能が放送とどのような関わりを持つことになるか，まだ実像は定まらない。しかし，通信・放送の融合がそうであったように，5年，10年もたてば，あいまいな流行り言葉が事業の根幹を揺るがす大波になっている可能性が高い。その行方を展望しておく時期であろう。

　1）ウェアラブルはインタフェースの進化であり，2）IoTは受信機の多様化，

3）AIは放送の自律化をもたらすものだ。そしていずれも，ダウンロードとアップロード，すなわち放送の受信と，視聴者から局への送信との両面に関わるものとなるはずである。

4-1 ウェアラブル-VR

　ウェアラブルでは，めがね型ディスプレイによるVRが普及し始めた。

　VR元年と呼ばれた2016年，「東京ゲームショウ」ではソニーがVR機器を50台並べ，海中遊泳やキャラクターとの会話を楽しめる展示を披露した。バンダイナムコ（サマーレッスン），カプコン（バイオハザード）なども注力している。VRの特設コーナーも設けられた。VRはまずはゲーム，エンターテインメントから進み始める。

　フランス，パリから電車で1時間余り西に向かったラヴァルという町では，毎年3月，世界最大のVR大会「LAVAL VIRTUAL」が開催される。8,000㎡の会場いっぱいに，240の出展者がひしめく。20年続く名門イベントだが，近年とみに大規模化している。自治体，スポンサー，研究者，ベンチャー企業，学生，そして一般客，非常にたくさんの参加者がみられ，市民権を得ている。日本からの展示が多いのだが，参加するとVRの開発と利用が世界的な熱気となっていることを実感する。

　2017年6月の「東京おもちゃショー」では，メガハウスがスマホでVR体験できる「没入」シリーズ，ドラゴンボールZのかめはめ波を打つ「Bots New Characters VR DRAGONBALL Z」を展示。VRはおもちゃレベルまで来たことがわかる。そして同じく6月の「Interop」では，日本テレビの展示はスマホ向けVRアプリ「ゴースト刑事日照荘殺人事件」であった。テレビ局がVRの制作に入り始めた。

　エプソンの「MOVERIO」は，宅内のWi-Fi環境と接続して，録画してある番組やBlu-rayソフトを寝ながら大画面で視聴するスタイルを提示する。「スマホ連携」とリモート視聴アプリで，放送中のテレビ番組やレコーダー内に録画した番組を，外出先から大画面でリアルタイム視聴することも提案している。

電車内で，窓の方を見て視聴すればある程度の画面サイズを確保できるという。テレビとVRの結合は近いかもしれない。

　ただ，ウェアラブルの主力はメガネより時計かもしれない。メガネはダウンロード＝受信用だが，時計は視聴覚データの受信だけではなく，時計が身体データを計測する機能を持つ。動作情報，触覚情報，脈拍，発汗など視聴覚以外の身体データを取り込み，発信することができる。つまりアップロード＝送信としてのウェアラブルだ。

　北海道テレビは「CEATEC」でハイブリッドキャストのトライアルを展示した。視聴者が手首の時計で脈拍を計測して，データを画面に表示する。番組の女子アナの脈拍も表示されて，2人の脈拍がシンクロされる。日本的なウェアラブル・テレビである。

|4-2| IoT

　モノのインターネット，IoTも現実味を帯びてきた。家電がつながってコミ

図1-4　i-dioホームページ

出所）i-dio

ュニケーションする。冷蔵庫，エアコン，掃除機，すべてがつながることで，テレビの位置づけもそれらのハブに変わる可能性が高い。

TFM グループが開始した V-low マルチメディア放送「i-dio」は，放送の電波でテレビ以外のメディアに通信的なサービスを提供する。車載端末向けの専用情報サービスもある。遠くない未来に自動走行が実現するとされているが，クルマの走行を管理するためのベーシックな情報やデータは，放送として，クルマというモノに発信することになるのではないか（図 1-4）。

ロボットが放送の電波を受けて，踊ったり芝居をしたりする番組も考えられる。かつて筆者が所属した MIT では，2000 年ごろ，電波でレゴのロボットを動かす実験をしていた。技術的には簡単である。町を行く大勢のロボットたちに放送で指令を発する「IoT 放送」もできよう。

3D プリンターが家庭にも普及することが予想されている。データをダウンロードすれば，モノが家庭で印刷できる。ということは，放送番組としてモノを伝送できる，ということにもなる。

アップロードも考えてみよう。街中に埋め込まれたカメラがコンテンツを作る。事件が起きた時，防犯カメラの映像がニュース番組の役に立っている。あちこちに埋め込まれたカメラやセンサーがアップする情報，ビッグデータが映像のコンテンツ，映像サービスのデータ，番組の素材として流入してくる。IoT は放送の素材を大量に集める機能を発揮するだろう。

期待がかかるのがドローンである。TBS は 2014 年の「Interop」で 4K ドローンを展示していたが，8K ドローンもまもなく登場という情報もある。ドローンの小型・軽量化，低廉化は進み，気軽に使えるようになる。2015 年「東京おもちゃショー」の大賞を受賞したのは超小型カメラ付きドローン「ナノファルコンデジカム」。おもちゃのように誰もが高精細映像を空中から発信するのも遠くあるまい。

|4-3| AI

AI は 3 回めのブームを迎えており，今度こそ本物の技術潮流として普及期

に入るとされている。デロイト社は英国の仕事の35%が今後20年でロボットに置き換えられる可能性を指摘し，オックスフォード大は今後20年以内に米国の職業の半分が失われる可能性を指摘している。

クリストファー・スタイナー著『アルゴリズムが世界を支配する』は，アルゴリズム「アニー」の作り出した楽曲がクラシック音楽の教授の作品を凌駕し，バッハの曲なみに評価された事例を示す。もはや高度な芸術作品，創造性の世界のものも，コンピュータが自分で生み出す。

松尾豊著『人工知能は人間を超えるか』も，「音楽や絵画といった芸術の世界にもAIの進出は及ぶかもしれない。」という。映画やテレビ番組などのコンテンツ制作でもこの手法が主流になることも考えられる。

政府・知財計画2015は，「人工知能技術の発展により，人間に替わって機械が著作物を生み出す場合も生じつつあるなど，帰属が曖昧な著作物がインターネット上を漂う時代，また，3Dプリンティングの発展により，情報とモノの区別が曖昧になる時代も近づいている。……今後検討を進めていくことが必要である。」と記述している。

番組制作以上に，AIは視聴者・利用者の行動に影響を与える。AIと放送の関わりはこの点が最も重要性を帯びる。Netflixなど配信事業者は利用者の視聴行動履歴データをもとに，番組のリコメンドや視聴誘導にAIを活かしている。

バーチャル・エージェントがAIで賢くなり，すべて自分の行動を代行してくれるようになる。自分より賢い自分の代理人がネットで活躍する。私が見るべき，知るべき情報をエージェントが全部選抜してくれる。

視聴率をどう高め，視聴時間をどう伸ばし，視聴質をどう高めるか。それをコマースやイベントなどにどう誘導するか。今後の放送ビジネスにとって，個人データ，ビッグデータ，そしてAIの活用は死活問題になろう。

政府もAI/IoTの戦略を中心課題に据えており，その主戦場はビッグデータの利用と流通としている。知財本部ではそのための制度である「次世代知財システム」を議論しており，IT本部ではデータ取引市場などの流通インフラの整備を進めている。これを受け，2017年11月には「データ流通推進協議会」

が官民連携のもと発足し，筆者が理事を務めている。こうした政府・産業界の急速な動きと放送メディアも無縁ではいられまい。

第5節　放送技術とスポーツ

　2020年の東京五輪がメディア技術のショウケースとなり，メディア技術がそれを照準に開発されていくことを展望するため，スポーツと放送技術について動向を見てみよう。VR，IoT，AIの3点に注目してみよう。

|5-1|　VR

　VRはスポーツに浸透しつつある。楽天，DeNA，ソフトバンクとIT企業3社がプロ野球の球団を経営しており，技術の導入には熱心だ。まずはプロ選手の練習に導入している。

　楽天とNTTデータが共同開発したVR機器は，各球団の投手の映像に球種やスピードなどのデータを加えて投球を再現する。対戦投手の立体映像を映しながら，150キロの速球が迫る様子，目の前で落ちるフォークボールを体感する。

　横浜DeNAも米大リーグ球団が使うVRの打撃機器を専用トレーニングルームを新設して導入した。開発企業の米STRIVR Labsのシステムは，アメリカンフットボール，バスケットボール，サッカー，アイスホッケー，スキーなど計30チームが利用しているという。

　ソフトバンクはVRスポーツ配信プラットフォーム米NextVR社に出資した。米プロバスケットボールNBAの会場で，コート脇の観客最前列やゴール裏，全体を俯瞰する位置など5〜6カ所に専用カメラを設置してVR映像をライブ配信している。スマホをはめ込んで見る簡易型のデバイスでも4Kの再生能力がある。サッカーのシュートシーンをゴール裏から見られるなど，実際にスタジアムで観戦しているよりリアルな体験を与えたいという。

　このNextVRはリオデジャネイロ五輪でVRでのストリーミング配信を行

った。サムソンと連携し，開会式，バスケットボール，体操，陸上，ビーチバレー，ダイビング，ボクシング，フェンシングなどの360度映像を85時間提供した。リオではBBCもVRの360度サービスを実験的に提供した。2020年東京では実用・商用化されることが期待される。

NTTは2017年2月の冬季アジア札幌大会でVRやマルチアングル映像を利用した動画を提供した。カーリングのストーンにつけたカメラの画像をVR動画にした。ホッケー会場では，自由視点映像と呼ぶ360度映像のスマートフォンへの配信を実現した。

放送局にも動きがある。米スポーツ中継局「FOX SPORTS」は，バスケットボール，ラグビー，ゴルフなどのVR配信を実施している。サッカーでは，タッチライン際やゴールラインのすぐ後ろの目線で試合を観戦することができるという。

|5-2| IoT- スマートスタジアム

IoTとしてのスマートスタジアムに注目してみよう。Wi-Fiなどの通信インフラを備え，来場者のスマホにアスリートの映像コンテンツを配信する機能を提供したり，スタジアム全体にカメラとセンサーを埋め込んだIoTで映像やデータを発信する機能をもたらしたりする。

カリフォルニア州サンタクララのリーバイス・スタジアムは，ケーブルの総延長が644kmに達し，ネットワークポートは1万2000口，Wi-Fiのアクセスポイントは1,200基あるという。

さいたま市の「NACK5スタジアム大宮」もIoT機能を備え，来場者がスマホなどで特定の選手だけを追いかける映像を楽しんだり，タブレットを使って観客席からビールなどを注文したりできる。映像の視聴記録や飲料の注文履歴などのデータを大量に集めて分析すれば，新しいファンサービスや企業の販促活動などに利用できる可能性があるという。

グラウンドでも審判によるボールのラインイン／アウトの判定を補助するシステムが導入されている。1秒間に60コマで撮影できるカメラを設置し，そ

の画像を解析することで，ボールの正確な位置を割り出し，インかアウトかを自動判定するという技術だ。サッカーではゴールコントロール 4D というゴール判定システムが 2014 年 W 杯ブラジル大会から採用されている。

イスラエルの PlaySight 社が開発したテニス専用の映像解析システム「SmartCourt」は，コート上のプレーデータを自動で記録し，ビデオや 3D の CG 映像ですぐに確認できるようにする。

富士通は 3D センサーで取得した体操選手のデータをテレビ放送用のコンテンツとしても提供する見込みだ。複数台のカメラで撮影した画像をリアルタイムで処理し，360 度の映像を提供する。視聴者はゲーム機のコントローラーのようなものを使って 360 度の画像を操作する。

パナソニックは，男子ゴルフの「パナソニックオープン」で選手の緊張度を映像で表現したり，離れたホールの様子を携帯端末に配信したりしている。BS-TBS と組み，会場内のディスプレーのほか中継映像を通じてテレビの視聴者にも選手の緊張具合を伝えた。

|5-3| AI- ビッグデータ

AI やビッグデータがスポーツに，そして放送番組に浸透し始めている。

米オプタはテニス，ラグビー，ハンドボールなどさまざまなジャンルで「試合が進むにつれパスの成功率がどう上下したか」「各選手がポジション取りをどう変えたか」といったデータを世界 40 カ国の 300 社近いテレビ局やニュースサイトなどへ提供している。

NBA は各選手の動きを 20 種類以上のデータで調べられるようにするネットサービス「スタッツ」を開始した。大リーグ機構 MLB も投手と打者の過去の対戦成績を分析できる機能を用意している。

サッカー W 杯ドイツチームもビッグデータで戦力を強化している。SAP はフィールド上の全選手とボールの動きを高精細カメラで追跡し，選手同士の位置や距離，パス成功率などのビッグデータに基づく最適なパス経路などをリアルタイムに解析するシステムを提供している。サッカーではかつて 1 試合当た

り取得できるデータ量は2,000件程度だったが，トラッキングカメラや無線センサー技術が発達し，現在1試合で4000万件のデータが取得できるようになったという。

日本ではパ・リーグ6球団が投手と打者の過去の対戦成績をリアルタイムに紹介するサービスを開始した。PC向けに試合の模様とさまざまなデータを同時に表示する仕組みで，データを分析してスポーツ観戦を盛り上げようとする動きである。

東芝は画像認識・音声認識にディープラーニングを組み合わせた，ラグビーのプレー分析システムを開発している。映像から認識した選手とボールの位置とを2次元座標に変換して，ディープラーニングで「スクラム」「ラック」などのシーンを判別するといった仕組みである。

特筆すべきは，ピョンチャン冬季五輪の中継で，NHKが「ロボット実況」を試験導入したことだ。オリンピック放送機構OBSが配信する競技データをもとに，日本語の実況文章を即座に作り音声合成する仕組み。2020年にはAIアナが本格導入されるのではなかろうか。

第6節　スポーツ×メディアの開発事例

余談になるが，スポーツとメディアの開発に関し，3つの事例を紹介しておく。

「超人スポーツ」。IT，VR/AR，ロボットなどの新技術を身体に取り込んで人と機械を融合させ，誰もが超人になる新スポーツである。陸上競技も野球もサッカーも19世紀までの農業社会にできたスポーツであり，20世紀の工業社会にはモータースポーツが現れたが，21世紀の情報社会にふさわしいスポーツを生もうという日本発の運動である。

ゴーグルを着け，VRでかめはめ波のような光線を発して相手を倒すHADOや，ドローンに搭載されたカメラの映像を観ながら操縦し，速さを競うドロー

ンレースなどが開発されており，TBSが番組化するなどビジネス化が目されている（写真1-1）。

　科学者やゲームクリエイター，学生などが集まり，為末大さんや吉田沙保里さんのようなアスリートも参加して，魔球を投げられるボールや200km/hのボールを投げられる身体補助具のような道具を開発したり，マラソン選手一人ひとりの上にドローンを飛ばして見たいランナーの映像を追いかける鑑賞法を企画したりしている。

　推進母体である「超人スポーツ協会」は2015年に設立，東京大学稲見昌彦教授と筆者が共同代表を務め，これまで数十種類の競技を開発している。2020年の東京五輪に合わせ，世界大会を開催する計画である。

　もうひとつの新しいスポーツ「eスポーツ」。ビデオゲームを競技化したものをいい，対戦ゲームをスポーツととらえるものである。格闘やカーレース，サッカー，戦略ゲームなど多種多様なジャンルがあり，プロプレイヤー（プロゲーマー）も出現，収入が1億円に到達するプレイヤーもいる。野球やサッカ

写真 1-1　HADO

出所）筆者撮影

ーに並ぶような人気や知名度を持つスポーツビジネスになりつつある。

世界市場は2015年で7.5億ドル（約850億円）。年率13%の成長が見込まれ、2019年には12億ドルを超えるという予測もある。

eスポーツは2022年のスポーツのアジア競技大会でがメダル種目として正式採用されることとなった。2024年のパリ五輪でも正式種目となることが想定されており、俄然重要な産業ジャンルとして注目されることとなった。

米ディズニーはeスポーツのテレビ放送に力を入れ、米TBSは2016年5月、大会「ELEAGUE」をスタート、ケーブルテレビでも配信している。放送以上にこれはネット上で人気があり、Amazonが1000億円で買収したeスポーツ配信会社Twitchは視聴者数が世界で1日当たり1000万人に達し、全米でNetflix、YouTubeに次ぐトラフィックを誇る。

韓国も力を入れている。ソウル市産業振興院が運営する施設の中にCJメディア社がeスポーツ専用スタジアムを作り、毎日、格闘やRPGなど韓国製ゲームの試合が組まれ、ケーブルやネットで中継されている。KT、サムソンなど通信、IT、メーカーがスポンサーとなっている（写真1-2）。

写真1-2　eスポーツ専用スタジアム、ソウル（韓国）
出所）筆者撮影

一方，日本はゲーム大国でありながら，eスポーツ後進国である。市場規模は世界の15分の1，プレーヤー数は日本は世界の20分の1，そして賞金獲得額は29位にとどまるという。

　日本が離陸するためには大きな課題が2つ存在していた。賞金規制とプロ化である。規制については，景品表示法でアマチュア向け賞金の上限が10万円とされている点が大型大会の開催をむずかしくしてきた。ゲーム会社が賞金の出し手となる典型的なeスポーツの賞金大会が景品規制に抵触するのだ。大会参加者の参加費を賞金に回すことが刑法上の賭博罪に当たるという点もある。これら日本特有の制度が企業の本格参加を阻み，プレイヤーに資金が回らず，有力プレイヤーは海外大会に向かってきた状況にある。

　もうひとつはプロ化のための団体統一である。日本にはeスポーツ団体として筆者が理事を務める日本eスポーツ協会JeSPAのほか，eスポーツ促進機構，日本eスポーツ連盟の計3団体が存在していた。日本オリンピック委員会JOCに加盟し，ひいては国際オリンピック委員会IOCに加盟するにはその統一が条件とされてきた。

　これらの課題が2018年1月，解決に向かうことになった。まず関係3団体を統合し，日本eスポーツ連合Jesuが発足することとなった。この団体は，eスポーツのプロライセンス発行と大会の認定のほか選手育成を行うもので，これで正式なプロ選手が生まれてくることになる。これは同時に，景品表示法の賞金規制が適用されないプレイヤー群ができることを意味する。ようやく企業が資金を提供するプロチームや大型大会がセットされ，メディア価値の高いエンタテイメントコンテンツとして成長する基盤が整う。

　2024年のパリ五輪種目化が決まれば，2020年東京五輪ではプレ大会が開かれることだろう。有望なコンテンツジャンルの誕生となる。

　2020年に向けて，これら新技術や新コンテンツを集積する都市計画も報告しておこう。東京ベイエリア竹芝に，デジタルとコンテンツの集積拠点を作る構想「CiP」である。東京都の持つ1.5haの土地を再開発して，コンテンツ，

メディア，IT，IoT の先端を集め，デジタルのテストベッドとショウケースを作るものであり，2020 年の東京五輪の直前に街開きとなる計画だ。筆者が推進母体「CiP 協議会」の代表を務めている。

放送，IT，映像プロダクション，音楽，アニメ，ゲーム，学校，ベンチャー支援など約 60 の企業・団体が参加しており，内閣府，経産省，総務省などが協力している。政府・クールジャパン戦略会議でも拠点の形成がテーマとされ，そのモデルとして位置づけられている。超人スポーツや e スポーツの受け皿としても機能すべく準備を進めている。

そしてこの竹芝がひとつのきっかけとなり，他の地域でも共通点のある構想が持ち上がってきた。渋谷は「渋谷クリエイティブタウン」という社団法人を設立し，渋谷のメディア化を進める運動を起こしている。次は羽田空港脇でもポップ＆テックの集積地を 2020 年までに作る構想が動き始め，竹芝 CiP との連携策が検討されている。

京都では太秦の映画村周辺をコンテンツ特区として産学官連携で再開発構想が進められており，大阪では吉本興業が在阪放送局などと連携して大阪城公園に「エンタメパーク」を整備している。札幌，福岡，沖縄等でも同種の構想を耳にする。

2017 年，CiP 協議会は韓国政府コンテンツ振興院と人材育成や起業支援で連携することに合意・調印した。マレーシア政府が開発地域イスカンダルで整備するメディアの教育・研究拠点とも CiP は協定を結んでいるほか，米スタンフォード大学，スペイン・カタルーニャ州政府などと連携策を協議しており，デジタルのハブ機能を担うことを目論んでいる。

こうした機運の高まりは，メディア技術が大きな転換点にさしかかっていることと，2020 年の東京大会が社会経済の高揚感をもたらしていることとの相乗効果であろう。それを汲み取る努力が必要と考える。

第7節 課題と展望

　本題に戻る。2020 年に向けてうねりを見せる放送にとって，改めて重要な
ポイントを考えてみよう。

　最近の海外事例でチェックしておくべき動きは 3 点ある。

　まず，オール IP，オールクラウドの動きだ。Amazon は AMS クラウドイ
ンフラの上にプラットフォームを作り，マルチネットワーク・マルチデバイス
への配信システムを構築している。既に世界のさまざまな放送局が利用を始め
ている。また，米 ABC は放送システムを全部クラウドシステムに移管するこ
とを検討しているという話もある。そうなると，いよいよコスト見合いで放送
局が電波から脱却する事態も見えてくる。

　そして欧州の対応。イギリスでは BBC と民放事業者が YouView や Freeview
Play といった共通のネット配信プラットフォームを作っている。Netflix や
Amazon などのアメリカの映像配信事業への対抗策でもある。アメリカからの
波に対し，日本は各局がバラバラに対応するのか，団結して立ち向かうのかが
問われている。

　さらに 3 点目はアメリカの制度対応だ。電波オークションとネットワーク中
立性が要注意である。電波オークションでは，2016 年，テレビ局が使わなく
なった電波を FCC 経由で通信事業者に譲渡する措置が取られ，FCC はテレビ
局各社に合計 105 億ドルを支払った。NBC は 5 億ドル近くを受け取ったとい
われる。地方局の設備統合や携帯事業の設備投資を促すことが目的であった。

　また，2017 年末にはトランプ政権下の FCC が「ネット中立性」を廃止した。
AT&T などの通信会社が Netflix や Amazon などへの競争優位を復活する。
これで産業構造にも変化が起こり得る。この政策が日本でも取られると，
NTT などの通信会社が映像配信への勢いを増すことが想定される。

　放送側から見た課題は何か。一口でいえば，「非成長性」であろう。融合論

が始まったこの二十数年，ネットとスマホで通信産業は大きく成長した。トラフィックの増加もほとんど通信が担った。放送は単純にいえば1チャンネルの電波に1チャンネルのコンテンツを乗せて広告を取るビジネスから脱してはいない。テレビの広告費は横ばいで，ラジオや新聞ほどネットの影響を受けてはいない。しかし同時に，ネットのような成長性を展望できるものではない。

　放送はコンテンツと電波の合せ技であり，コンテンツ価値の拡大はネットなど通信メディアを利用することで試みられている。そこでも未だ成長モデルが描けていないため，放送局のネット配信に本腰が入らない状況にある。

　一方，電波を有効利用して価値を高める動きはほとんど見られない。地デジ整備は完了したが，地上波のビジネス限界が露わになっている。1チャンネルのデジタル波を分割して1スロットを1セグに使う工夫はあったが，それも下火となっている。マルチデバイス向けに電波を有効活用するモデルはできていない。放送波にIP（インターネットプロトコル）を乗せる「IPDC」のような技術トライアルはあるものの，V-lowマルチメディア放送が始まったほかは本格的な取り組みとはなっていない。次の放送トレンドである4K8Kは地上波に出番がない。

　産業規模・企業規模にも通信との差がついている。東京キー局の時価総額の総計は現在1.8兆円。2016度のNTTグループの営業利益は1.5兆円に上る。通信会社の1年の利益でほぼ全局を買収できるのだ。それだけの投資体力差がある中で，放送だけで成長戦略は描けまい。放送事業には効率化，集約，外部資金の獲得などの経営力が必要となっている。

　ビジネス面では，ネットといかに向き合い利益を上げるかがほぼ唯一のポイントである。同時配信が未だに行われず，新領域は模索の域を出ない。ネットでは当たり前の視聴履歴データの利用も進んでいない。著作権処理も課題のまだ。ネットの世界では配信からビッグデータやAIの分野へと進化しているというのに，数周の遅れとなっている。

　融合サービスやハード・ソフト分離を可能とする法律は整えられたものの，

それを活用する例は乏しい。放送波で新聞などを配信する通信サービスや IoT 放送など，新しいビジネスは想定はされるものの，実態が発生していないので，省令レベルでの詳細の制度設計ができていない。

同様に制度面では，放送に課せられた番組紀律，マスメディア集中排除，県域放送などの縛りを解くことも考えられるが，これは制度問題というより，それを望む事業者のニーズが乏しいと考える。制度面の問題というより，ビジネスマインドやビジネス環境が問題となっている。

方向性を示唆するとすれば，テレビ版 radiko であろう。IP ベースで電波・ケーブルを使うマルチネットワークをマルチデバイス向け，ソーシャルメディア向けに展開するとともに，編集・配信のコストを格段に下げる。放送局の共同プラットフォームを形成して，プロモーションを高める。視聴履歴のビッグデータを AI も回してフル活用し，視聴行動を導く。

「大阪チャンネル」がひとつのモデルであろう。radiko は筆者ら慶應義塾大学のメンバーと在阪ラジオ局などによる産学連携の実験としてスタートし，それがビジネス展開され，全国に広がったものだ。大阪発のトライアルであったことに当事者の熱意が維持され，結束力を生み，周辺の警戒感を和らげて，予想を超える好循環を見せた。テレビでの IP 配信プラットフォームの形成は，こうした緩い仕組みから広げていくことにリアリティーを感じる。

このような取り組みを含め，個別の放送局では難しい大きな放送ビジネスデザインが必要になっている。通信会社や外資を含む技術実証やそれを後押しする政策が欲しい。ただ，制度を動かす前に，何よりこれらを進める放送業界のマインドセットやアントレプレナーシップを求めたい。

メディアの構造変化という意味での「融合 2.0」を迎える 2020 年に向けて，改めてメディアのビジョンを描くことが必要である。これは業界だけでなく，国全体のテーマとして取り組むべき政策課題と考える。

第2章
メディアの主役が変わるとき:

1950 年代〜80 年代, 映画産業とテレビ放送産業

内山 隆

第1節 はじめに

2018 年, インターネット上の映像配信事業の拡大は大きな関心である。ネット市場全体の成長は俄然高く, 仮に 2020 年代に "メディアの王様" となったとしても不思議でない。似たようなことが, 1950 年代のテレビの台頭と, それまでの王様, 映画と新聞の関係である。図 2-1 は日米でのテレビの普及と映画興行人員, 新聞発行部数の推移である。映画と新聞では全くテレビ台頭の影響が異なり, 綺麗なほど反動が出ている映画と無関係な推移をとる新聞の差がある。

インターネット時代, 攻守逆転でテレビが守る側になるが, 果たして映画のような軌跡になるか, 新聞のような軌跡になるのであろうか?

第2節 メディア産業間の競争事例

|2-1| テレビの台頭と映画 (1950〜80 年代)

世界的に 1950 年代から 60 年代はテレビの登場と急速な普及に対して, 映画産業の縮小という変化が観察された時期である。70 年代になるとテレビの優

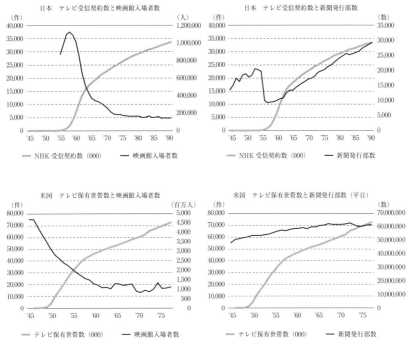

図 2-1　日米メディアの長期トレンド

位が明確になる。80年代までには，欧州では映画とテレビの有機的な関係性を制度化する。この40年間ほどの両産業の動きは，まさにメディア産業"間"競争として示唆が多いものと考え，2010～20年代のインターネットとテレビの関係を考えるうえでも参考になると考える。つまり，

・唯一の映像メディアであった映画に，初めて代替性の強いサービスが出現し，
・新産業側（テレビ）が急速に最も影響力のあるメディアになった事例であり，
・旧産業側（映画）がさまざまな対応策をとった歴史が残っている事例

という意味合いで，これを取り上げる。

❶ 日本での映画とテレビの関係

わが国の場合，一般に映画の5社（6社）協定と呼ばれることに触れざるを得ない。全体概要は，例えば井上（2016）に詳しいが，本節では5社協定を2

つのフェーズに分ける。最初の5社協定は，「大手映画会社5社（松竹，東宝，大映，新東宝，東映）が1953年9月10日に調印した専属監督・俳優らに関する協定」である。これ自体は日活の監督や俳優の引き抜きの動きに対する他の映画会社5社の対抗的な申し合わせ，つまり映画産業内の話であった。ところが古田（2006, 2007a, 2007b, 2007c）が論じるように，「1958年3月20日に大手映画会社6社が加盟する日本映画製作者連盟がテレビ放送に関して申し合わせたもので，その骨子は劇映画のテレビ放送提供禁止や専属俳優のテレビ放送出演に関する事項など6項目にわたる[1]」と対象がテレビに転じる。本節では後者を扱う。

この1958年9月から1964年9月までの6年間が，大手映画会社とテレビ局がもっとも疎遠になった時期ともいえる。古田（2006）に基づけば，53年，映画大手5社は「劇映画をテレビに提供する時期でない[2]」とする態度を決めていたものの，同年，新東宝と松竹がNHKに供給しており，協定が破られている[3]。54年3月には大手5社と日本テレビの間で暫定的な劇映画供給の取り決めがなされる。以後，放送権料の値上げが年々進むが，56年にはその放送権料の不合意によって，大手5社からのKRT（TBS），NHKへの劇映画供給が止まる。残りが日活から日本テレビへの供給であったが，日活が5社に加わり日本映画製作者連盟が発足，58年3月20日に6社協定を結んだことにより，58年8月で日本テレビへの供給が終了し，6年間の疎遠な時期に入る。そして64年2月，当時の大手5社は再び劇映画のテレビへの供給に方針転換する。その際，

　　・テレビへの映画作品は劇場公開後7年を経たもの

　　・（初年度）年間1社あたり100本という本数上限

という映連の取り決め[4]，ウインドウ展開の基礎条件が作られ，後世に影響を残す。この取り決めの際，興行，映画館への配慮があったことは十分に予想できる。テレビの存在が直接の脅威になるのは，視聴者の余暇時間を巡り直接競合

---

1) 古田（2006）　脚注2　『映画年鑑 1959』p. 199。
2) cf.『映画年鑑』1954，p. 206。
3) その背景を古田（2006）は，「自社製作の劇映画のテレビ放送が"宣伝"になると考え5社の申し合わせより自社の利益を優先した」と解している。
4) cf.『映画年鑑』1965，p. 124。

的になる映画館である。映画製作者は映像製作という点でのテレビとの協働の接点があるが，映画産業側はこの映画館の利害を含めて意思決定を強いられる。

　上記は，映画館公開を意図して作られた劇映画（劇場用映画）というジャンルに関してである。他に最初からテレビ向けに作られるテレビ映画というジャンルがある。テレビ映画というジャンルはわが国に限られたものではなく，世界的にも見られるジャンルであり，6 年間の大手 6 社の劇映画の供給停止の初期段階，アメリカから輸入されるテレビ映画が放送局の番組編成の空白を埋めることに寄与する。その輸入作品の価格が上昇することにより，古田（2007c）[5]や北浦（2016）によれば，大手 6 社も，特に東映，大映，松竹が熱心に 1959年からテレビ映画の供給を行っている。

　劇映画と専属俳優の供給停止という映画側の行動を，映画産業のテレビへの警戒，敵対と解釈することは多いと思われるが，古田（2007c）は「敵視とともに軽視」とも解釈している。[6]テレビの映画に対する映像品質の技術的劣位（当時の"電気紙芝居"という揶揄に代表されるように）や，1958 年まで，映画市場もまだ成長していたという環境がそう思わせたというのである。またテレビ映画製作にかけられる予算もスケジュールも人員も，劇映画とは比較にならない位小さく，「60 分ドラマ年間 300 本の利益と優秀な映画 1 本の利益と同じくらい」という認識であった。[7]映画大手各社で，テレビ部門の売上が十分な規模に達するのは 70 年代に入ってからである。[8]

　協調の側面も十分に行われている。このあたりに関しては北浦（2016）が詳しい。1953 年のテレビ放送開始時点では，劇映画の供給が行われた。東映は積極的で，「封切 1 年経過した作品のテレビ供給容認の姿勢」や国際テレビ放送株式会社の設置（1956），「映画，テレビ，ラジオの一元的経営」といったコングロマリット指向を持っていた。[9]上述のテレビ映画供給もそうである。また

5）古田（2007c）p. 141(58)。
6）古田（2007c）p. 147(53)。
7）北浦（2016）p. 284。
8）北浦（2016）pp. 284-285。
9）北浦（2016）pp. 270-272。

1959 年開局の日本教育テレビには東映が，1957 年設立の富士テレビジョンには松竹，東宝，大映が資本参加している。資本なのかあるいは歴史的経緯なのか，近年の大ヒットした『踊る大捜査線 THE MOVIE』(1998)，『踊る大捜査線 THE MOVIE 2 レインボーブリッジを封鎖せよ！』(2003) 等でのフジテレビと東宝の関係，仮面ライダー・シリーズや戦隊もの，ドラマ／映画『相棒』でのテレビ朝日と東映の関係を思い起こせば，排他的ではない協調的な側面の遺産は今にも活きている。

　6 年間の断絶を生んだ直接の要因が放送権料の高騰だったとすれば，逆にそれがテレビ局による映画製作参入を促すものであったことは皮肉なのかもしれない。70〜80 年代にかけて内外の映画メジャー各社が少製作本数＆高予算なブロックバスターの方針を出すに伴い，映画会社の立場とすれば（特にハリウッド・メジャー），放映権料も値上げしたいと考えるし，当時であればブロックバスター映画は，放送視聴率がとれる優良コンテンツでもあった。放送局の立場でいえば，そのブロックバスター映画を購入するのではなく，製作に関与することで，権利獲得や放映権料のリスクが下がる。

　例えば現在，放送外収入の割合の大きなフジテレビの場合，1969 年公開の『御用金』，『人斬り』，1971 年『暁の挑戦』が最初期の映画製作とされる。それからしばらく空いたのち『キタキツネ物語』(1978)，『南極物語』(1983) といった出資作品が，映画館興行と放送視聴率の双方で成功といえる水準に達する。80 年代後半になれば，より広いジャンルの多くの作品に関与する。さらに 2000 年代にまで至れば，フジテレビに限らず，キー局各社とも（アニメ映画を含め）何らかの形で映画製作や映画製作委員会に本格関与するようになる。

　民放各社が放送外収入を拡充していくことは 2000 年代から 2010 年代にかけての業界あげての課題であったが，その中でも映画事業は，比較的安定性と割合の大きなものとなった。逆に映画業界にとっても邦画復活のひとつの原動力[10]

---

10) 長年，洋画シェアのほうが高いまま推移していたわが国映画市場の邦画／洋画シェアが 2006 年あたりから逆転する。cf. 日本映画製作者連盟 http://www.eiren.org/toukei/data.html（2018 年 3 月 15 日閲覧）

であり，互恵的であった．

2 米国での映画とテレビの関係

　本節で引用する複数の文献等からも読み取れることとして，米国は，1950年代前半は映画スタジオがテレビに対し敵対・軽視の姿勢の時期，1956年を境に積極的関与（というよりも取り込み）へ急転換し，テレビ市場に入り込もうとした経営戦略や政府ロビイング（経済学的にはレント・シーキング）が取られた時期，といえる．また映画産業側では垂直的統合が解体（スタジオ・システムの崩壊），映画会社の事業ドメインが"配給"に収束していく時代である．

① 50年代前半のテレビへの対抗
■ 大作化（長尺化）

　作品の長尺化という大作主義が観察できるのも50年代である．3時間物となり，わが国でも有名な *The Ten Commandments*（220 min. 1956,『十戒』），*Ben-Hur*（212 min. 1959,『ベン・ハー』），*Cleopatra*（248min. 1963,『クレオ

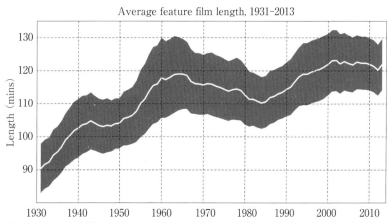

図 2-2　各年上位25作品の長さ

帯は95%信頼性区間
出典）Olson（2014）

パトラ』）などがその例になる。図2-2はひとつのデータとして，各年人気上位25作品の尺の平均値をとったものである。[11]

■技術での対抗

当時のテレビの画質がまだまだ低かったことに対して，画質やマルチメディアとしての技術的機能強化からの対抗である。パラマウントのシネラマ（Cinerama（1952-1962）），20世紀FOXのシネマスコープ（cinema scope）といった[12]横長大スクリーン，3D立体[13]，スメロビジョン（Smell-O-Vision），アロマローラ[14]（Aroma-Rama）[15]，オドラマ（Odorama）といった視覚・聴覚に加え，嗅覚にも訴求する映画，などである。

2018年の今からみれば，これらが残したものは，大画面，横長画角のアスペクトという2点である。3Dや嗅覚は，周期的ブーム（例えば現在の4DX）のなかで表れては消えるという繰り返しをしている。

■新しいビジネス・モデルでの対抗

劇場テレビ（theater television）と呼ばれる映画館でのテレビ的サービスがあり，映画メジャー各社がそれに取り組んだ。テレビのようにネットワークが組まれ放送される（伝送において業界は電波帯域を要求したものの連邦通信委員会FCCは認めず，電話回線で伝送）が，受信が家庭向け受像機ではなく劇場というものである。スポーツ中継などが現在のパブリック・ビューイングのように好まれたが，無料の家庭向けテレビに対する競争力がなく1953年には撤退する。

有料テレビ（Pay Television, Subscription Television）も試みられたビジネス・モデルであり，パラマウントなどは熱心に取り組んだ。しかしテレビ広告放送

---

11) Olson, R. (2014), "Movies aren't actually much longer than they used to be," (January 25, 2014) in http://www.randalolson.com/2014/01/25/movies-arent-actually-much-longer-than-they-used-to-be/（2018年1月8日閲覧）

12) 初期のものとして *The Robe*（135 min. 1953『聖衣』）。

13) 3D立体映像は周期的にブームが起きるが，50年代のそれは *United Artists* の *Bwana Devil*（1952）が皮切りとみられる。

14) 初期のものとして *Scent of Mystery*（1960）。

15) 初期のものとして *Behind the Great Wall*（1959）。

と比べた場合，直接課金の競争力の無さや伝送路の問題（電話回線の使用）からのユーザーへの訴求力のなさ，新作映画の放送をした場合の映画館ビジネスとの競合からの劇場主からの反発，競合する放送業界からのロビイングによりFCCも賛同的ではなく，大きな普及のないまま1965年には終了する。

　ドライブイン・シアターもこの時代の流行りである（サービス自体は1930年代から存在していた）。2010年代の今，野外映画祭，野外上映のちょっとしたブームがあるが，それを連想させる。

■作品と俳優のテレビ供給への消極性

　劇映画と俳優のテレビへの供給は，1956年頃までは消極的であった。

② 50年代後半のテレビ市場への参入

■テレビ向け映像制作

　映画会社がテレビ向けに映像制作すること自体は，中小や独立系によって40年代にも見られた。大手も50年代中盤までには参入する。「56年にはコロンビアは収入の3分の1をテレビ放送に依存し，50年代末にはワーナー・ブラザーズも利益の3分の1がテレビ番組制作であった。（中略）また，ハリウッドのフィルム現像所で処理された映画の殆どがテレビ映画であったという。ハリウッドは今やテレビ番組の制作を不可欠な収入源として構造的に組み入れ」と古田（2007b）が述べるように，急速にテレビ番組制作の仕事を増やしていく。その大量生産の出口は米国テレビ放送業界に限らず，他国（海外番販）にも及ぶ。

■映画作品と俳優のテレビへの供給

　それまで，映画大手スタジオは映画作品のテレビ放送と映画俳優の出演を渋る，あるいは禁じる動きがあった。そもそも映画メジャーは1932年に映画の所属／契約俳優がラジオ放送に出演することを公式に禁じていた。しかし実態は機能していなかったとHilmes（1999）は論じる。Becker（2008）は，その禁

16）古田（2007b）p. 228。
17）cf. Hilmes（1999）pp. 55-60.

じる方針／渋る理由を，初期のテレビの製作技術の低さ，番組予算の低さ，テレビの写りの悪さ，俳優のスターとしての自己キャリアへの影響（過剰露出），製作スケジュールの短さ，等から論じる。[18]それらが，1956年をひとつの境として方向転換する。

- 1956年11月3日，CBSネットワークにてMGMの *The Wizard of Oz*（1939，『オズの魔法使い』）が初のTVネットワークのプライム・タイム帯でのメジャー映画の放送として行われる。
- 1956年，スタジオが映画スターのテレビ出演を解禁[19]

あたりを境に，スタジオと俳優の双方がテレビに前向きになっていく。実態としては，1954年くらいから番組中のゲスト出演などのスポットでの映画俳優のテレビ露出がみられていた。Becker（2008）が指摘するスタジオと俳優が渋っていた理由を裏返せば，テレビの媒体としての地位（メディアとしての露出やリーチ，テレビ局からの報酬や経済性の向上）の向上が，一流スターにも眼をむけさせたというべきであろうし，経営者や俳優はその環境変化に迅速に対応したといえる。もちろん映画はピーク時の半分以下のレベル（50年代中盤，映画館入場者数）に衰退していたという強烈な危機もあった。

③ 60年代　映画メジャーの落ち込み，独立系の台頭

テレビ番組制作に積極的に進出するものの，映画本業の観客・収益の落ち込みをカバーするものではなく，1960年代は，映画メジャーが経営の悪化により，多種業界の巨大企業に吸収合併されていく経営再編と，他方で独立系—反体制的な人間（主に若者）の心情を綴った映画作品群を指すNew Hollywood（あるいはAmerican New Wave）と呼ばれる独立系の動きが相対的に浮かび上がってくる時代である。

---

18) Becker（2008）pp. 26-31.
19) その解禁について，Segrave（1999, p. 31）は，"Those spots by Corey were a direct reversal of a studio ban against television appearances by its stars" と評し，またTaylor（2010）はIn 1956, the studios lifted the ban against film stars making TV appearances. と記す。

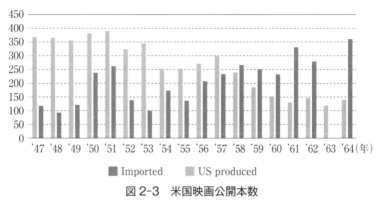

図 2-3 米国映画公開本数

出典）*The Yearbook of Motion Pictures*, 各年

映画メジャーへの他産業からの資本参加，買収

RKO ─＞ General Tire（タイヤ）(1955)

Universal ─＞ MCA; Music Corporation of America（俳優代理店）(1962)

Paramount ─＞ Gulf & Western（石油）(1966)

United Artists ─＞ TransAmerica（保険）(1967)

W. B. ─＞ Seven Arts（番組制作）(1967)

MGM ─＞ Kirk Kerkorian（遊戯）(1969)

1963年は米国での国産映画公開本数121本と50年代〜60年代で最低の本数となる。一方で外国からの輸入作品数は伸び，64年になると361本（国産141本）と，外国作品の存在感も強くなる10年である。

スタジオ・システムの崩壊という現象は，古くはパラマウント裁定（1948）による興行部門の切り離し，制作部門でのテレビの比重拡大，など，時間をかけて進行し，結果的にメジャーは映画の価値連鎖のなかで配給業務へ収束していく。配給業務で取り扱う作品は，自社投資製作作品のみならず，独立系作品，外国作品の配給も含まれる。

④ **70年代　政府制度による旧産業の支援**

■映画向け税制優遇制度の導入

1970年代は，60年代の映画全体の落ち込み，独立系の相対的台頭を背景に，連邦政府による税制優遇支援が行われた。1971年歳入法（Revenue Act of 1971）である。この71年法では，映画の製作投資を行う投資家への税制優遇と，配給権の買い付け投資に対する税制優遇が導入された。現在でも世界各国でみられる映像産業振興手法である。

この振興策の導入の結果，特に独立系の製作本数が伸びる。しかしさまざまな批判から1976年税制改革法（Tax Reform Act）にてその見直しが行われ，再び製作量は元の水準に戻る。

メジャーに関しては76年法の影響をさほど受けず，むしろBakker（2008）は，こうした税制優遇とブロックバスター志向による高予算化によって，メジャーはテレビ番組に対する質の差別化（垂直的差別化）を強くしていったと述べる。

■フィン・シン・ルール，プライム・タイム・アクセス・ルール

プライム・タイム・アクセス・ルール（PTAR：Prime Time Access Rule, 1970-1995）と，フィン・シン・ルール（Financial Interest and Syndication Rules, 1970-1993）は，映画・映像製作（ハリウッドやMPAA：Motion Picture Association of America）とテレビ・ネットワークの間で，テレビ番組製作事業ドメインを巡る政治的闘争の側面を持ち，結果としてテレビ職能の垂直分離に寄与した。これらの顛末については，Einstein（2003）が詳しい。

PTARは，上位50都市市場において，3大ネットワーク（の加盟局と直営局）が平日プライムタイム（4時間）に放送する番組のうち，最低1時間はネットワークが供給する番組以外で編成することを求める。フィン・シン・ルー

表2-1　税制優遇制度前後のMPAAレーティング登録本数

	11/74-	11/75	11/76	11/77	11/78	11/79	11/80	11/81	11/82	11/83
Majors & Mini-majors	153	148	118	120	145	148	155	142	178	167
Independents	272	349	273	195	218	173	183	165	164	146

出典）Mogulescu（1985）p.864.

ルは，フィナンシャル・インタレスト・ルールにおいて，ネットワークが番組
の所有権や二次利用の窓口権を（番組制作会社から）取得し活動することを禁
じるものであり，シンジケーション・ルールは番組のシンジケーション市場や
海外への流通，つまり番組販売権をネットワークが持つことを禁じるものである。

　フィン・シン・ルールの成立においても廃止においても考慮されたことのひ
とつは，TV ネットワークの番組制作市場の支配力である。Einstein（2003：
68）や浅井（2005）はその引用文献から，FCC が，

・1957 年あたりからネットワークの番組支配力（economic, creative）が高まっ
　ている。ネットワークが制作，あるいはネットワークが権利を保有する番組
　の放送時間に占める比率は，1957 年に 67.2％であったのに対し，1968 年に
　は 96.7％に上昇
・ネットワークが国内外のシンジケーション活動から得る収入は，1960 年の
　195 万ドルから 1967 年には 779 万ドルに増大

とみていたををを指摘する。

　フィン・シン・ルールの成立に向けて動きを取ったのは民主党であったと指
摘される[20]が，その経済的恩恵を享受するのは，番組制作事業者であり，その市
場シェアの高いハリウッドである。古田（2007b：227）は「ハリウッド製のテ
レビ番組が全国ネットワークの番組編成に占める割合は，1955 年にはプライ
ムタイム（午後 7 時～11 時）では 20％，1 日平均では 40％であったが，1960
年には『テレビジョン・マガジン』の調査によるとプライムタイムで 70％に
達したと記されている。また，59 年には夜の番組編成の 78％がハリウッド製
の番組で占められ，その 88％以上がテレビ映画だったという記述もある」と
記すように，ハリウッドこそこの恩恵を受ける者となっている。

　フィン・シン・ルールは 90 年代に廃止されるが，80 年代後半からその議論
は始まり，廃止にあたって MPAA は FCC に対し，反対する趣旨の書簡を送
り抵抗している。換言すれば，80～90 年代には米国放送産業の番組制作レイ

---

20) Einstein（2003），pp. 41-43。共和党ニクソン大統領がネットワークに対し政策言及の放送時間を
　求めることができたのに対し，政権外の民主党にはその反駁の機会がなかったことを指摘する。

ヤーは編成プラットフォーム・レイヤーに対して，十分に対等なポジションを
確保できたことになる。

❸　フランスでの映画とテレビの関係

　欧州の特徴は，政府の法制度によって，半ば強制的に映画産業と放送産業の
関係性を強めている点にある。それは 1980 年代の放送民営化時代に顕わになる。
映画に高い芸術性を求め，テレビでは公共放送の存在感が強く市場民営化，民
間参入が遅れ気味になった点は，欧州の相対的な特徴であるが，それを最も体
現しているのがフランスである。

①　40 年代から 60 年代の映画政策

　フランスの映像政策（映画，テレビ，ビデオ，ゲーム，他）の事例は，*EU*
の *MEDIA Programme* 政策等を通して他の欧州大陸諸国にも強い影響を与える，
"欧州的な" 最たる事例である。その特徴は，ハリウッドに対する強い競争意識，
補助金等公的関与の大きさ，などであり，さらに「テレビが映画を支える」，
もう少し抽象化すれば「その時代のお金が集まるメディアが，伝統的メディア
を支える」という思想が強いところに特徴がある。

　欧州（英，仏，独，伊，等）の米国を意識した映画保護政策は第一次世界大
戦後から始まり，第二次世界大戦後も，一層，自国映画保護政策が強化される。
フランスでも 1930 年代頃から，

　Office national du cinématographe（1927）

　Conseil supérieur du cinéma（1931）

　Commission interministérielle du cinéma（1935）

　Comité d'organisation de l'industrie cinématographique（1940）

とさまざまに振興組織の整備を行い映画の保護と振興を目論んできたが，戦後
1946 年 10 月 25 日，*CNC*（*Centre national de la cinématographie*，国立映画セ
ンター，2009 年に国立映画アニメセンターに改称）が設立され，現在に至る。
CNC は映画，テレビ番組，ビデオ，ゲーム等のコンテンツの振興を所管する

第2章 メディアの主役が変わるとき　　39

文化省所管の組織である（設立当初は情報省所管）。放送の規制は*CSA*（*Conseil supérieur de l'audiovisuel*）の担当であり，*CNC* は振興政策を受け持つ。

1948 年 9 月 23 日の法律で，映画フィルム出荷時の課税（la taxe de sortie des films，特別税 TSA; taxe spéciale additionnelle）[21]を財源とする製作と興行への自動補助を目的とした暫定特別会計制度[22]が設置され，*CNC* による運用，補助金制度（Compte de soutien, Fonds de soutien, 1949）となった[23]。これは現在も続く映画やテレビ番組等への *CNC* による自動補助金のルーツである[24]。

1950 年代末から 60 年代にかけては独立系の大きな動きがある。20 代の若手映画作家（auteurs）たちによる自由奔放な映画作り，ヌーベルバーク（nouvelle vague）という思想が流行った時代であり，より文化性を前面に打ち出し，前衛的な作品への支援策の制度化が行われた時期である。1959 年は文化省が設立（2 月 3 日），*CNC* がその管轄に移管され，特別会計（compte de soutien financier de l'Etat à l'industrie cinématographique）の設置が行われた。具体的には，1959 年 6 月 16 日および 12 月 30 日デクレ[25]により，上記特別会計の設置，補助金制度に自動補助制度の他，選択補助制度の枠が設置され，翌年 1960 年に選択補助（avance sur recettes）が初めて支給された。40 年代末以来の自動補助は商業的成功を後押しする性格であるのに対し，選択補助は上述の文化性が強い作品群を意識したものといえる。フランスは 1910 年代から映画に対して第七芸術の着想があり，映画の文化性重視は相対的に強いため，主にメジャー向けになる商業性の強い自動補助金制度への反発があった。

---

21) décret n° 48-1498 du 23 septembre 1948 portant fixation des taux de la taxe de sortie des films instituée par la loi du 23 septembre 1948。その根拠法は Loi n° 48-1474 du 23 septembre 1948 instituant une aide temporaire à l'industrie cinématographique。

22) Loi n° 48-1474 du 23 septembre 1948 instituant une aide temporaire à l'industrie cinématographique。1953 年 8 月 6 日法にて，基金は fonds de développement de l'industrie cinématographique へ改称。

23) フランス文化省 http://www.culture.gouv.fr/culture/europe/cnc/presentation.htm（2018 年 3 月 15 日閲覧）。

24) 自動補助に関しては，拙稿（2013）を参照。

25) Décret n°59-733（16 juin 1959）relatif au soutien financier de l'Etat à l'industrie cinématographique, Décret n° 59-1512（30 décembre 1959）.

② 70年代までの放送政策

　一方，フランスのテレビ放送（制度）は，世界でも比較的古いものであるが，チャンネル数が増えないまま推移する。最初のチャンネルはいうまでもなく，現在の TF1 につながるものである。

- ・1935 年 4 月 26 日，*Radio-PTT Vision* による初のテレビ局開局
- ・1937 年 7 月，Radiodiffusion nationale Télévision（RN Télévision）改称
- ・1943 年 5 月 7 日，占領下のパリでの *Fernsehsender Paris* の開始（1944 年 8 月 12 日停止）
- ・1944 年 10 月 1 日，*Télévision française*（1945 年 3 月 23 日 に *RDF Télévision française* に改称）として再開
- ・1945 年 3 月 23 日，公共放送事業体 *RDF*（*Radiodiffusion française*）設立
- ・1949 年 2 月 9 日，*RDF* から *RTF*（*Radiodiffusion-Télévision*）に改称
- ・1949 年 7 月 30 日，受信料（Redevance audiovisuelle）制度導入[26]
- ・1964 年 1 月 1 日，第二チャンネル（*RTF Télévision 2*，現在の F2）の開始
- ・1964 年 6 月 26 日，*RTF* を公共放送事業体 *ORTF*（*Office de Radio-Diffusion Télévision Française*）へ改組
- ・1972 年 12 月 31 日，第三チャンネル（*La 3e Chaîne Couleur* 現在の F3）の開始

　そして 70 年代にひとつの動きがある。公共放送事業体 *ORTF* の分割・競争導入を目的としたジスカール・デスタン政権下でのフランスの放送制度の改革（1974 年法）である。そこでは，〔制作〕—〔企画・編成〕—〔伝送〕という形で，放送産業の垂直分離が行われた。[27]

〔制作〕*SFP*（*Société Française de Production*）

〔企画・編成〕TV3 社（*TF1, A2, FR3*），ラジオ（*RFO*）

〔伝送〕*TDF*（*Télédiffusion de France*）

〔研究開発，アーカイブ〕*INA*（*Institut National de l'Audiovisuel*）

26）La loi n° 49-1032 du 30 juillet 1949.
27）cf. 内山・湧口（2001），高山（2008）.

この分離構造はこれ以降に受け継がれており，現在も放送局は，一部の番組（報道，ドキュメンタリー，教育の一部）を除いて，番組を製作会社に外注し，それを編成の後に，伝送を *TDF* へ委託する形をとっている。

③ 政策による映画とテレビの関連付け

現在（2018）のフランスには，放送局に映画投資の義務と規制，映画のテレビ放送にあたっての規制（クウォータ，ウインドウ規制，等），*CNC* へ回される特別税の賦課，等，法体制のなかで映画とテレビ局が制度的に結びつけられている。フランス・文化省のウェブ・サイトの中にある *CNC* の歴史のページでは，「70 年代のテレビの台頭，映画の変質と観客の減少，これらは公的機関がテレビと映画の関係性を規定する規制をかける理由」[28]と述べ，具体的に「テレビに対して，映画の製作と流通についての義務規定」を置いたことを指摘する[29]。この制度はより発展して，現在も有効である[30]。筆者は「テレビに映画を支配させず，しかし映画に貢献させる義務を与えている」制度設計思想と総合的に解釈するが，1971 年にその原型がみられる。1971 年 3 月，文化憲章（charte culturelle）が *ORTF* と文化省の間で取り交わされ，番組として映画を（多量に）欲しがっていた *ORTF* に対し，

- 映画は全放送時間の 10% までに制限
- 映画全体の 50%（以上）をフランス製映画へ割り当て
- 映画の買い付け（放映権）価格を，年 10% ずつ引き上げ（1975 年まで）
- 映画を放送することによる映画産業の落ち込みへの補償のため，年 500 万フランを映画基金（fonds de soutien au cinéma）へ供出

が取り交わされた。[31]

---

28) http://www.culture.gouv.fr/culture/europe/cnc/presentation.htm（2018 年 3 月 15 日閲覧）

29) Ibid. "les obligations des chaînes de télévision en matière de production et de diffusion des films".

30) 現行制度に関しては，例えば内山・湧口（2001），湧口（2002），湧口（2009）などを参照。

31) cf. Degand（1991）p. 202；Jäckel（1999）p. 178；文化省ウェブサイト内 Jacques Duhamel, http://www.culturecommunication.gouv.fr/Nous-connaitre/Decouvrir-le-ministere/Histoire-du-ministere/Histoire-du-ministere/Les-ministres/Jacques-Duhamel（2013 年 6 月 5 日掲出）

74 年の*ORTF*分割後，番組制作会社*SFP*は映画製作に対しても経営多角化を行う[32]。放送局が水平に 3 分割されたことによる競争促進（作品獲得需要意欲の刺激）のもとで，旧来の映画事業者，テレビ映画のプロデューサーと並んで SFP が供給元になっていったというものである。

1980 年代に入り，テレビに加えビデオの普及が進む中で，今日まで続くテレビに対する映画作品の製作や放送に関するさまざまな義務制度が形成されていった。一方で，国内での視聴覚作品（テレビ番組）の制作を促進するために，1986 年に後述する COSIP を創設し，テレビに対する支援制度も開始した。また，これと並行して，*SOFICA* や *IFCIC* に代表される映像投資促進のための諸機関の設立も行われた。

・1982 年 7 月 29 日視聴覚コミュニケーション法[33]
・1984 年 11 月 4 日　初の民営局カナル・プリュス（*Canal Plus*）の開局
・1986 年 9 月 30 日コミュニケーションの自由法[34]
　これに基づく 1987 年 1 月 26 日デクレ（87-36）[35]
　　　　　　　1990 年 1 月 17 日デクレ（90-66）[36]
　　　　　　　1990 年 1 月 17 日デクレ（90-67）[37]

大雑把な流れをいえば，82 年法で i）テレビ市場の民営化方針と ii）現在につながるテレビ局の映画への各種義務の大枠が提示され，86 年法以降でより具現化，強化された流れである[38]。

82 年と 86 年の間にカナル・プリュス（1984 年開局）という，フランスにとって初の民営局，有料放送局の開局があり，ここでも映画とのより強い関係性

---

32) Degand（1991）p. 200.
33) Loi n° 82-652 du 29 juillet 1982 sur la communication audiovisuelle.
34) Loi n° 86-1067 du 30 septembre 1986 relative à la liberté de communication.
35) Décret n° 87-36 du 26 janvier 1987.
36) Décret n° 90-66 du 17 janvier 1990.
37) Décret n° 90-67 du 17 janvier 1990.
38) CNC のサイトに現在のテレビと映画の関係に関する規制一覧があるが，そこに 86 年法と 90 年 1 月 17 日デクレ decree no. 90-66）によってさまざまな規制になっていることがわかる。
　http://www.cnc.fr/web/en/regulation-of-film-television-relations

を意図された。86 年以降は公共放送であった TF1 の民営化，La Cinq, M6 と
いった商業放送の参入によって放送市場の民営化が急速に進む。

82 年法では 88〜92 条[39]，86 年法では 27 条と 70〜73 条[40]にて，テレビの映画へ
の貢献が記載される。またテレビ局の映画への資金的貢献の義務が規定された
とされる[41]。

a) CNC の映画基金への貢献（特別税の賦課）

b) テレビ局の映画投資（共同制作）の義務　　（映画製作に対する義務）

c) 放映権の買い付け等　　　　　　　　（映画流通に対する義務）

a）については，1983 年 12 月 30 日財政法[42]にて，テレビ局に対する課税内容
が規定されている（36 条）。CNC によって運用・使途される 84 年時点では映
画のためだけに用いられるものであったが，86 年財政法と 86 年 2 月 6 日デク
レ[43]に基づき，映画同様のスキームを持つテレビ向けの補助金 COSIP（Compte
de soutien financier à l'industrie des programmes audiovisuels）の成立に至る。映
画と同じく自動補助と選択補助によって構成されている。この負担は 1986 年
テレビ局の収入の 3% だったものが，1987 年 4%，1992 年 5.5% と上がってい

表 2-2　テレビ局が負担する（CNC 向け）特別税

付加価値税を除く毎月の収入	税金額（F フラン）	
	(1986)	基本レート
100 万フラン ＜ 収入 ≦ 200 万フラン	20,000	24,000
200 万フラン ＜ 収入 ≦ 300 万フラン	60,000	73,000
300 万フラン ＜ 収入 ≦ 400 万フラン	120,000	146,000
400 万フラン ＜ 収入 ≦ 500 万フラン	180,000	220,000
500 万フラン ＜ 収入	180,000 ＋（収入 100 万フランごとに 45,000）	220,000 ＋（収入 100 万フランごとに 55,000）

出所）1983 年 12 月 30 日財政法　36 条　Ⅲ

---

39) La diffusion des oeuvres cinématographiques.

40) du development de la creaton cinematographique.

41) cf. Degand（1991）p. 203, Rollet（1997）p. 46.

42) Loi n°83-1179 du 29 décembre 1983 DE FINANCES POUR 1984.

43) Décret n°86-175 du 6 février 1986.

くことが指摘される。[44]

　b）と c）は，現在（2018 年），*CNC* が放送権の前買い（préachats de droits de diffusion）とその他映画流通のための支出（sommes consacrées à la distribution en salles）としている活動が該当する。具体的には Mazdon（1999）や Jäckel（1999）[45]によれば，テレビ局の年間の収入を，一般の局の場合 3%，[46]有料放送カナル・プリュスについては 20% を映画関係の支出にあてるというものである。さらにテレビ局の映画への投資（investissements en parts de producteur）について，当該映画作品の「総予算の 10% を下回らず，半数とならない範囲」で投資をすること，しかもそれは直接ではなく関連・子会社を通じた形の間接投資を求める。つまりテレビに映画への協力はさせるが支配はさせないという構図である。

　併せて 1987 年デクレでは，映画作品のウインドウ展開についても言及され，年間に放送できる映画の本数，"映画の放送は劇場公開から 3 年（テレビ局出資製作の場合は 2 年）経過後" というウインドウ規定が記載される（地上波公共，広告放送の場合。興行成績が不調で文化相の同意が得られれば 18 カ月）。[47]カナル・プリュスの場合は，それぞれ 12 カ月／24 カ月である。当初，カナル・プリュスは 1 年間に放送できる映画本数についても 320 本，映画を放送できる曜日・時間も毎日可能となっており，他の放送局の場合の 192 本，土日の 20 時 30 分前，水・金の夕方は放送不可に対し，カナル・プリュスが優遇された。ただ優遇するだけでなく，上述の年間予算 20% の映画使途という義務も課せられた。これらが相まって，より映画へ向かわせる誘因となっていた。[48]

④　英国での映画とテレビの関係
　英国は北米大陸と欧州大陸の間の国として，折衷的である。政府政策と民間

44）cf. Rollet（1997）p. 46.

45）cf. Mazdon（1999）p. 76, Jäckel（1999）pp. 178-179.

46）遅くとも 1990 年のデクレ（n°90-67）であれば，この数字を確認（3 条）することができる。

47）cf. Mazdon（1999）p. 75.

48）cf. Kuhn（1995）p. 159, Mazdon（1999）p. 74, Jäckel（1999）p. 178.

第**2**章　メディアの主役が変わるとき　　45

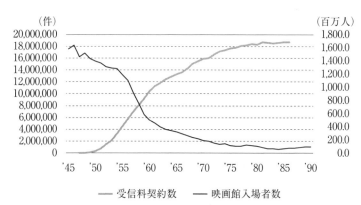

図 2-4 英国 テレビ受信料契約者数と映画館入場者数

の経営戦略が入り混じる形で均衡していく。

英国のテレビの開始は，フランス同様，比較的早く，

1936 年　BBC　初のテレビ放送開始
1946 年　受信料制度導入
1955 年　ITV 開局（英国第 2 チャンネル，欧州では早期の商業放送開局）
1964 年　BBC2　開設

と進むが，ここからしばらくこの体制で推移することになる。

① 1950 年代から 70 年代の映画産業

Cooke（1999）によれば，50 年代，テレビと消費文化の台頭により，レジャーが家庭ベースになることによって，映画館への家族の減少，若者の台頭が見られる時期であった。観客数の減少は他国同様で，2 つの大きな映画チェーンの閉鎖（The Rank Organisation と Associated British Picture Corporation。ともに 1956年）を伴う 50 年代を BFI（British Film Institute）は「低迷の 10 年（doldrums era）」と評する。[49]

50 年代後半から 60 年代にかけては，一時的に悲観的でもなくなる。Carry

---

49) BFI（British Film Institute），*British Film in the 1950s*, http://www.screenonline.org.uk/film/id/1147086/index.html（2017 年 12 月 26 日閲覧）

on シリーズと *007* シリーズといった商業性の強いエンタメ・ジャンルでの成功はその象徴である。60年代初期から中盤は英国映画のブームであり，それをみたハリウッドは60年代中盤，*Swinging London* と呼ばれる投資ブーム，ロンドン事務所開設を行っていた。これには補助金制度 Eady Levy が作用していた[50]との皮肉な見方がある。Eady Levy は，英国映画の不況に際して1957年映画法（Cinematograph Films Act 1957）にて正式導入された自動補助金に分類される政府支援策である[51]。

　しかし60年代末には過剰投資と米国側での優遇税制制度の整備によってハリウッドの撤退，70年代に入ると，逆に英国人俳優・監督等の国外流出（主にハリウッドへ）が起きる。主流派の映画（mainstream，商業的で人気のあるもの）にとって，「忘れ去られる10年」で，資金と観客の落ち込み，視聴者を巡るテレビとビデオとの競合，が環境としてあった。Barber（2013：35）はEady Levy の配分比率から，70年代の10年の間に英国映画の製作が伝統的な映画大手（例えば *RANK, EMI, Columbia, United Artists*）から，小規模，独立系へ分散化していると指摘する[52]。Barber（2011）は *NFFC*（*National Film Finance Corporation*）の貸付対象から，*NFFC* の貸付が70年代初期はポピュリズム的なものから，末期により文化的な大志あるものへ変化していることを指摘する[53]。また Wood（1983）は70年代の大手テレビ事業者（*BBC, Thames TV, Granada, Scottish TV* 他）の長編映画への参入社数の高まりと彼らの動機・合理性を考察し，*British Film Producers Association* が1981年6月7日に *British Film and Television Producers Association* に改名したほどであると指摘する[54]。つまり70年代は映画製作において，旧来からの映画会社は分散化，小

50）例えば「1967年には，ハリウッド（の子会社）によって賄われている定義上の『英国映画』が本数ベース72%，金額ベース90%まで上がっている」と Hill（2016）は指摘する。ほかに，Stubbs（2009），House of Lords Select Committee on Communications（2010：15），paragraph21 など参照。

51）財源は映画チケットの一定割合，使途は半分は映画館，半分は英国映画製作の補助金となり，英国映画製作分は興行収入に比例して支給される補助金である。

52）cf. Barber（2013）p. 35.

53）cf. Barber（2011）pp. 13-15.

54）Wood（1983）pp. 5-6.

規模化する一方で，大手テレビ事業者の地位の高まりがあった時代である。

　小規模，独立系会社は，a rejection of the aesthetic or ideological noams あるいは marginalized, alternative or oppositional cinema と形容されるような[55]パンク・カルチャーと表裏一体な Modern Independent Cinema Movement の旗手であり，主流の衰退の裏側で台頭してきた。しかし，彼らは自分たちの作品の出口を十分に有していたわけではなく，大手テレビ事業者と深い取引関係を持つわけでもなかった。そこに Channel4 の開局（1982 年 11 月 2 日）の背景がある。英国での映画とテレビの関係を考える際のひとつの柱は，70 年代に議論された Channel4 の設立経緯である。

② 1980 年代，放送 Channel4 の設立

　英国のテレビ放送市場は，大陸諸国に比べ民間放送（ITV）の参入が 1955 年 9 月と早いものの，地上波では公共放送 BBC の存在感が強く，その後，民放が増えていかない点は大陸諸国との共通項である。BBC1, BBC2, ITV の 3 チャンネル体制が長く続いている放送市場の多様性促進をひとつの課題にしていたアナン委員会も，[56]新規の第四チャンネルのあり方を議論し勧告している。結果的に，いわゆる ITV を模したビジネス・モデルとするのではなく，異なるビジネス・モデルを模索し，文化や教育ジャンルの取り扱いを意識したものとなった。具体的には，Channel4 の財源は自身で広告営業活動を行わず，IBA（Independent Broadcasting Authority）から広告収入の一定割合を受け取る広告放送局とし，さらに番組も自社制作ではなく，独立系制作会社からの購入で編成される方針である。

　Channel4 の設立使命は，1981 年放送法（11 条）からも読み取れる。
・一定程度，ITV では放送されないような嗜好と関心に訴求する番組

---

55) Cooke（1999）p. 366.

56) 1974 年 4 月，当時の労働党によって Lord Annan を委員長とするアナン「放送の将来委員会（Annan Committee on the Future of Broadcasting）」設置。1977 年 3 月，報告書 Report of the Committee on the Future of Broadcasting,（Cmnd 6753）発行。

48

・教育的番組
・番組の形式と内容の革新と実験を促進する（to encourage innovation and experiment）番組

こうした社会トレンド，政府方針，経営方針の中で，独立系映画と *Channel4* は大変，相性のよい組み合わせであった。*Channel4* 自身もマイノリティ，主流に対するオルタナティブ，多様性の追及を求めることになる。Jäckel(1999) は，本格的映画投資を視野に入れた最初の英国放送局と形容するし，90 年代に至っても英国における最大の映画投資家と評する。

　英国におけるテレビ番組制作と編成の垂直分離は，表面的にはこの *Channel4* の開局からと思われ，上述のように，自社制作を行わない初めての局と[57]なった。英国において局（編成，プラットフォーム）と製作（コンテンツ）の関係に強い意識がもたれたのも，70 年代のアナン委員会の一連の議論を通してであるし，後の時代，*BBC* が自社規律として WoCC（Window of Creative Competition）を定め，50％は自社内制作，25％は独立系制作への割当，残り 25％は競争枠という割り当てにしていくのも，この流れを汲むものである。また 1990 年放送法（Broadcasting Act 1990）にて，現在も続く独立系への 25％[58]割り当てが定められた。

|2-2| 小括　4 カ国の共通事項

　映画を旧産業，テレビを新産業としてみたときに，4 カ国にみられる共通点と相違を列挙する。

（共通点 1）1950 年代に新産業のかなり急速な台頭，普及が始まる。

（共通点 2）1970 年代までに旧産業は大幅な縮小により，メジャーのスタジオ・システム（全域的に垂直統合された価値連鎖）の崩壊と配給職能への収束（事業ドメインの縮小），輸入外国製のシェアの高まりが

---

57) Ofcom（2005）*Review of television production sector Project terms of reference*, 11 May 2005, pp. 4-7.
58) cf. Nicoli（2012）.

みられる。

（共通点3）60年代ないしは70年代に，旧産業メジャーの衰退に対し，旧産業の中小・独立系の存在感の相対的な台頭が目立つ。もちろんそれは量的なものではなく質的なものである。米仏英では，この中小・独立系の動きが政府の支援や関与を強めることになる。

（共通点3）現場レベルでは比較的早く（1950年代初期）から（遅くとも1980年代までには），旧産業と新産業の新しい（どちらかといえば積極的，あるいは融合的な）関係性が双方から模索される。映画コンテンツへの投資，制作，積極的なテレビでの放映，などである。鍵となっていた要因のひとつに，映像としての映画の質の優位性，映画放送権の高騰があげられる。

（共通点4）「テレビ映画」という独特の中間的な性格（劇映画の放送に代替する，テレビ的な低予算・省時間のもと映画会社で製作された作品）を持つ財・サービスが生まれる

（共通点5）米英仏では新旧両産業の垂直的分離が早い段階で行われていた。

（相違点1）旧産業と新産業の関係性は，日本は自然派生的，米国はハリウッド・スタジオと連邦政府主導，欧州は政府主導によって導かれる。経営が消極的関与から積極性への姿勢転換は，4カ国，企業それぞれにさまざまである。

（相違点2）テレビ黎明期，米，英は既に映画の衰退がはじまっていたが，日本やフランスはまだ成長していた。これが当時の経営者や政策当局の判断に何らかの影響を与えたことは十分に想像される。

そして1950年代からの40年後に行き着いたのは，以下の通りである。

・旧産業側はさまざまな手を尽くした。しかし映画本業の興行人員の大幅な低下が回復することはなかった。需要サイドのシフトが止まらなかったためである。したがって旧産業の生き残り策は，新産業の事業ドメイン内に橋頭保を構築することが王道である。

・数十年の時間をかけて、長編（1時間以上）で高予算、長期間制作になるいわゆるブロックバスター、ハイコンセプト[59]な、映画が放送に対して競争優位を保てるジャンル、ないしはドメインが発見されていった。だから旧産業自体の生き残りも、規模は小さいながら、ありえる。

|2-3| 新旧メディアの入れ替え期における需要サイドの合理性

　需要（視聴者）側の合理性は明確である。鑑賞者が映画鑑賞という視聴行動を起こすには、いくつかの制約条件を解決しなければならない。課金（経済的制約）、映画館まで出向く（地理的制約）、上映時間に合わせる（時間的制約）、といった制約である。テレビの1950〜60年代の普及過程（街頭テレビから町内に一台へ、さらに各家庭に一台と普及）で、これらの鑑賞者の制約条件が緩和されていたことに気づくだろう。

　2010年代に入って、テレビ視聴者のデバイス／プレイス／タイムシフトという現象が指摘された。PCのみならずモバイル端末への映像配信が現実的なものになる（デバイスシフト）ことによって、映像視聴はお茶の間、家庭内に縛られることはなくなり（プレイスシフト）、またネット上のアーカイブ（正規配信、違法流通含め）や家庭内録画機器とのシンクロによって観たいときに観られる（タイムシフト）技術環境が整備された。全てインターネットのユビキタスの思想の反映であるし、また需要者の映像視聴制約を緩めるものである。

　"マス"を捕らえたいメディアならば、こうした需要サイドの制約条件は少なければ少ないほどよいことは自明である。ただし現時点（2018年）でのインターネット配信は、回線混雑によるコマ落ちや遅延、高画質を得るには料金問題（パケ死）等、まだまだ電波による放送に歩を譲る面も残している。

---

59) cf. Wyatt, J. (1994).

第3節　考　察

|3-1| 敵対と友好，軽視と重視，競争と協調

　本稿で取り上げた国で，初期段階からテレビの出現を友好的に考え協力的に放送産業へ乗り込んでいったメジャー映画会社を持つ国はなかった。しかしいずれもどこかのタイミングで，実務的な協働関係に入り，水平的な融合関係になっていく。環境要件としては，

- ・きれいなほどに旧産業の衰退と新産業の台頭の軌跡が一致し，
- ・さらに旧産業内でのメジャーに対する独立系の相対的台頭も起こり，
- ・政府による旧産業支援あるいは保護政策も相まって

旧産業の経営者の姿勢転換がうながされたものと予想できる。

　その点，わが国の映画産業を取り巻いた環境は例外的である，テレビ黎明期には映画産業もまだ成長しており，これが経営者の認識のずれを招いた可能性がある。60年代に大手映画会社を離れた監督が独立系プロを起こすような新しい動きはあったが，米仏英ほどに強烈な旧産業内でのメジャー対独立系の構図は目立たなかった。また歴史的にもわが国は映画産業への政府支援・保護政策も乏しかった。[60]　結果，わが国は映画産業とテレビ産業が諸外国と比較し個々に歴史を刻むことになったといえる。ただし映画産業側の落ち込みは他国同様で，メジャーの活動停止（大映，新東宝）も歴史に刻まれている。また日本の放送産業は，映画産業よりも新聞の遺伝子が強いことは周知のとおりで，その点でも映画側が相対的に放送産業に遺伝子を残せなかったのかもしれない。

　いずれの国でも，旧産業側が本業（映画館への配給，有料上映）を捨てたわけではない。これはこれで新産業に対するひとつの守りになっていたし，ブロックバスター作品のような，映画がテレビに対しても媒体特性を発揮できるジャンル（わが国ならば70年代の相対的に高い製作費と宣伝費をかけメディア

60）例外的に特撮映画の海外展開促進政策があり（cf. 谷川（2016），後の時代，特撮が日本の得意ジャンルとして認識された。

ミックスを行った角川映画の台頭）も時間をかけて紡ぎだされていった。むしろここを守り切り，映画の質的な差別化も相まって，80年代以降になると，逆に新産業テレビ側の映画事業参入を招くことになる。

ハリウッドがそうしたように，旧産業側には新産業のドメインに入り，支配する機会はあった。50〜60年代，テレビ側は番組編成を確実にするために，番組制作能力・調達能力（量的，質的の両面）を高める必要性があり，良質でまとまった量の供給が可能な映画コンテンツを欲していたが，制作能力を持たなかった。逆に映画側は，スタジオ・システムの崩壊の時期であった。今も昔も「大量に安定的に供給できる」事業者が，売り手としては強いことは，番組販売事業の特性である。[61]

|3-2| 1950年代と2000年代後半から2010年代

1950年代のテレビの急成長，2000年代後半から2010年代の（映像メディアとしての）インターネットの急成長という環境の共通点をあげる。

（共通点a）旧産業側の動きとは無関係に，新産業側は高い成長率，拡大を遂げる。技術が持つ需要への訴求力が，圧倒的に強い。

（共通点b）タイム／デバイス／プレイス・シフトとよばれた視聴者のテレビからの転移の背景にある合理性と，1950〜60年代のテレビ普及過程の視聴者の合理性は，視聴者行動を縛っている各種視聴制約条件の解消過程とみれば，共通している。

（共通点c）わが国の場合，テレビ黎明期，映画市場も同時に成長していた。2010年代，ネット市場の成長に対して，放送市場（視聴者，広告）の大幅な減少は起きず，諸外国に比べても放送広告市場が首位の地位を守っている（しかし2016年段階で，諸外国ではネット広告市場とテレビ広告市場の規模の逆転が起きている）。

61）拙稿（2017a）。

3-3 すみわけの可能性

　冒頭に示したように，テレビの普及期において，新聞（の発行部数）は影響を受けておらず，むしろ共に拡大している。テレビが報道機関としての意識を持てば，これからのネット時代においても，テレビがネットと共に生き残る姿が重なるかもしれない。標準的なセオリーでいえば，テレビ報道よりも新聞のほうが「深さ」に優れ，取材網の細かさで優る。現在でも各地域，都道府県において地元新聞社の取材力に一目を置く例は多いとみられる。ただし本稿はテレビと新聞が共に発展した理由を見出せていない。

　ネット時代のテレビの真の媒体特性の模索は急務である。テレビが報道機関のプライドを捨てないならば，例えば各種速報や緊急速報に，この先，どのように取り組むのであろうか？　20世紀であれば，テレビ・ラジオは最も速報性のある媒体であり，号外でしか対抗できない新聞に対する優位でもあった。しかし現代，緊急速報は，ネットを介してプッシュ型でモバイル端末にいく。これは放送が永らく持ってきた公共性の重要な部分をネットに譲っている。深さを追い求めるであろうか？　記録性がある新聞がテレビに対して競争優位をもっていた部分であり，現在，新聞社はネット・ニュース・サイトに対して通信社のように機能している。映画が20〜30年かけてブロックバスターという命脈を見出したように，テレビも改めて媒体特性の見直しと事業ドメインの再定義は喫緊の課題であり，同時に長期的に取り組むことが強いられると予想する。

3-4 産業間競争をドライブするもの

① 技　術

　文民統制ではないが，新しい技術が「所与の条件」のごとく，市場と経営者，政策者に与えられ，その取り込みに対して意見が割れることは多々ある。拙稿（2016）においては，次のような動学的なシナリオを示した。[62]

---

62) 拙稿（2016）p. 40。

⑴ 新技術の登場

⑵ その新技術の旧市場からの取り込みや融合の失敗

⑶ しかし技術自体に魅力があれば，新市場の創出

⑷ その新市場の成長と，旧市場と新市場のゼロサム・ゲーム的な市場間競争

新市場がどのような育ち方をするかは，エンドユーザーからみた技術の魅力のみならず，旧産業側の行動にもある。

② 経営者，政策者の意思　市場か組織か？

政府政策者の意思は社会制度を構築し，業界リーダー企業の経営者の意思は当該事業領域の商慣習を形成していく力がある。技術が圧倒的に魅力的でエンドユーザーの問題解決を行うものならば，新市場の成長力は根強い。むしろ旧産業側は新市場に対して軽視・敵対するよりも取り込む戦略によって，新市場の商慣習を支配することは生き残りの選択肢のひとつである。

▎引用・参考文献 ▎

浅井澄子（2005）「コンテンツの多様性と産業構造：米国の放送政策の評価のサーベイ」大妻女子大学紀要. 社会情報系『社会情報学研究』14，pp. 31-53

井上雅大（2016）「日活の映画製作再開と『五社協定』　ポスト占領期における企業間競争の変化」谷川建司編（2016）『戦後映画の産業空間　資本・娯楽・興行』第1章，森話社

―――（2017a）「映画産業の戦後『黄金期』の実態（上）　ポスト占領期の映画産業と大映の企業経営・補論」『立教経済学研究』70(3)

―――（2017b）「映画産業の戦後『黄金期』の実態（下）　ポスト占領期の映画産業と大映の企業経営・補論」『立教経済学研究』71(2)

内山隆（2013）「創造性を重視したICT分野の国際競争力強化のための公的支援のあり方　映像コンテンツへの自動補助制度からの一考察」『情報通信政策レビュー』総務省情報通信政策研究所，第8号（平成26年4月3日）

―――（2016）「AIの台頭，技術的特異点にむけての映像産業の技術と経営戦略」日本民間放送連盟・研究所編（2016）『ソーシャル化と放送メディア』学文社

―――（2017a）「世界の映像流通の政策論争と日本の放送番組海外展開」放送番組国際交流センター（JAMCO）（2017）『主要国のテレビ国際展開の現状と課題』第25回JAMCOオンライン国際シンポジウム（2016年12月‐2017年6月），http://www.jamco.or.jp/jp/symposium/25/7/

―――（2017b）「コンテンツ論と経営戦略／政府政策」『Nextcom』Vol. 32. 2017 winter，KDDI総研，2017年12月1日

内山隆・湧口清隆（2001）「経済政策としての映像ソフト振興策―フランスの事例」『メディ

ア・コミュニケーション」慶應義塾大学メディア・コミュニケーション研究所，No. 51，
2001 年 3 月

北浦寛之（2016）「大手映画会社の初期テレビ産業への進出　テレビ映画製作を中心に」谷
川建司編（2016）『戦後映画の産業空間　資本・娯楽・興行』第 9 章，森話社

高山直也（2008）「フランスのテレビ放送と多元主義の原則」『外国の立法：立法情報・翻訳・
解説』236，国立国会図書館

谷川建司（2016）「日本映画輸出振興協会と輸出向けコンテンツ　政府資金活用による怪獣
映画製作とその顛末」谷川建司編（2016）『戦後映画の産業空間　資本・娯楽・興行』第 2
章，森話社

古田尚輝（2006）「劇映画 "空白の 6 年"（その 1）」『成城文藝』197 号，2006 年 12 月

───（2007a）「劇映画 "空白の 6 年"（その 2）」『成城文藝』199 号，2007 年 6 月

───（2007b）「劇映画 "空白の 6 年"（その 3）」『成城文藝』200 号，2007 年 9 月

───（2007c）「劇映画 "空白の 6 年"（完）」『成城文藝』201 号，2007 年 12 月

湧口清隆（2002）「フランスの映画産業」菅谷実・中村清編（2002）『映像コンテンツ産業論』
丸善

───（2009）「フランスの映画・視聴覚産業への補助政策」菅谷実・中村清・内山隆編
『映像コンテンツ産業とフィルム政策』丸善

Bakker, G. (2008) "The Economic History of the International Film Industry." EH. Net En-
cyclopedia, edited by Robert Whaples. February 10, 2008, http://eh.net/encyclopedia/
the-economic-history-of-the-international-film-industry/（2018 年 3 月 15 日閲覧）

Barber, S. (2011) "Government aid and film legistration: an elastoplast to stop a haemor-
rhage," in Harper, S. & J. Smith (2011), *British Film Culture in the 1970s: The Boundar-
ies of Pleasure*, Edinburgh University Press; 1 edition.

Barber, S. (2013) *The British Film Industry in the 1970s: Capital, Culture and Creativity*,
Palgrave Macmillan; 2013 edition.

Becker, C. (2008) *It's the Pictures That Got Small: Hollywood Film Stars on 1950s Televi-
sion*, Wesleyan Univ. Press, pp. 26-27.

Cooke, L. (1999) British film, in Nelmes, J. eds. (1999), *An Introduction to Film Studies*,
Routledge.

CNC (2007) *Historique du fonctionnement dusoutien automatique à laproduction cinémato-
graphique*, Novembre 2007.

Degand, C. (1991) "The economic aspects of the problem," in Kumar Shahan. (1991), *Cine-
ma and Television: Fifty Years of Reflection in France*, Sangam Books, pp. 199-214.

Einstein, M. (2003) Media Diversity: Economics, Ownership, and the Fcc, Routledge; 1 edi-
tion.

European commission (2014) Analysis of the legal rules for exploitation windows and com-
mercial practices in EU member states and of the importance of exploitation windows
for new business practices, final report.

Hill, J. (1993) "Government Policy and the British Film Industry 1979-90," *European Jour-
nal of Communication* 8 (2), pp. 203-224.

――――― (2016) "Living with Hollywood: British film policy and the definition of 'nationality'," *International Journal of Cultural Policy*, 22, pp. 5, 706-723.

Hilmes, M. (1999) *Hollywood and Broadcasting: FROM RADIO TO CABLE*, University of Illinois Press.

Jäckel, A. (1999) "Broadcasters" involvement in cinematographic co-productions," in Michael Scriven & Monia Lecomte eds. (1999) *Television Broadcasting in Contemporary France and Britain*, Berghahn Books, ch. 13.

Kuhn, R. (1995) *The Media in France*, Routledge, 1995 (reprinted by Taylor & Francis in 2006).

Mazdon, L. (1999) "Cinema and Television: from enmity to interdependence," in Michael Scriven & Monia Lecomte eds., *Television Broadcasting in Contemporary France and Britain*, Berghahn Books, ch. 6.

Mogulescu, M. (1985) "The Tax Reform Act of 1976 and Tax Incentives for Motion. Picture Investment: Throwing out the Baby with the Bath Water," *Southern California Law Review*, Vol. 58, pp. 839-869.

Nicoli, N. (2012) BBC In-House Production and the Role of the Window of Creative Competition, *Journal of Media Business Studies*, 9 (4), pp. 1-19, DOI: 10.1080/16522354.2012.11073553

Rollet, B. (1997) "television in France," in James A. Coleman, Brigitte Rolle eds., *Television in Europe*, Intellect L & DEFAE.

Segrave, K. (1999) *How Hollywood Came to Television*, McFarland Publishing.

Stubbs, J. (2009) "The Eady Levy: A Runaway Bribe? Hollywood Production and British Subsidy in the Early 1960s," *Journal of British Cinema and Television*, 6(1), pp. 1-20.

Taylor, J. (2010) *Film Finance for Beginners*, Jeffrey Taylor.

Throsby, D. (2001) *Economics and Culture*, Cambridge University Press, 2001.

Wasko, J. (2003) "Hollywood and Television in the 1950s: the Roots of Diversification," in Peter Lev (2003) *History of the American Cinema, Volume 7: Transforming the Screen, 1950-1959*, Charles Scribners & Sons; 1 edition.

Wood, L. (1983) *British Films 1971-1981*; (a reproduction of the original 1983 publication), BFI National Library, August 2005.

Wyatt, J. (1994) *High Concept*, University of Texas Press.

第 2 部
ネット配信時代の視聴者と地域放送メディア

第3章

放送の価値へのアプローチ：

アンケート調査に基づく
ローカル放送の経済的評価

三友 仁志／大塚 時雄

第1節　はじめに

　「放送の価値」は何か？と尋ねられたら，どのように答えられるだろうか？

　放送にはさまざまな側面がある。事実を早く正確により多くの国民に伝えることは最大の使命のひとつといえるが，人びとを楽しませ，ときには，勇気づけ，さらには新しいムーブメントを生み出すきっかけとなることもある。放送の影響力はそのまま放送の価値に結びつくが，放送の内容は多様であり，視聴者の受けとめ方もさまざまであることから，何かと問われても一元的に答えることはむずかしい。

　本章の目的は，「放送の価値」に視聴者の側からアプローチすることにある。放送事業は経済活動でもあることから，特に，放送がいかなる価値を視聴者にもたらすかを経済的尺度によって客観的に表すことに焦点を当てる。社会的価値や文化的価値などのいわゆる非経済的な価値は当然ながら考慮に入れるべき要素であるが，ここでは放送が提供する情報や力づけに注目し，それらが視聴者にもたらす価値を経済的尺度で表すことに限定して推定することを試みる。

　放送を提供する側からは，その価値の指標として，広告収入の総額や視聴率などを挙げることは可能であろう。わが国の放送は，公共放送（NHK）と民間

放送の二元体制が維持されており，両者は協調と競争の関係にあるといってよい。両者のビジネスモデルは大きく異なり，受信料を視聴者から徴収する公共放送に対して，民間放送は広告モデルであり，視聴者は直接的な対価を支払うことなく，基本的に無料で受信することができる。

民間放送は広告によって収入を得て，放送サービス自体から直接の対価を得ることはないので，経済理論でいうところの価格メカニズムは視聴者レベルではほとんど機能しないといってよい。われわれの経済活動の中で，価格が存在しない財やサービスは存在し，民間放送はその典型といえる。しかし，放送局が経済活動を行っていないわけではなく，提供するサービスに対する直接的な対価としての料金（特に単価）をパラメータとする市場メカニズムが機能しない形で経済活動を行っているのである。そのため，教科書的に需要曲線を定義できないので，経済的な便益のひとつの指標である消費者余剰といった概念を放送サービスに関して定義することはできない。

視聴者の行動は，どの番組が興味を引くかという主観的判断に基づいており，したがって，放送から主観的に感じとる便益を放送の価値の指標とすることは可能である。主観的な便益は必ずしも正とは限らず，時に負の便益を知覚することもある。ある時点において視聴できる番組がひとつに限定されるならば，選択された番組がその視聴者に最大の便益を与える，あるいは与えると期待させるのであり，視聴行動の源泉となっている。その意味において，視聴率はこの期待をマクロ的に指標化したものであり，放送の価値の代理指標となりうるものである。さらには，人びとの注目が番組に集まることによって放送の価値が高まれば，同時に放送されるCMに対しても相応の視聴が保証され，そこに広告価値が生まれる。そのため，広告収入も放送の価値のひとつの指標ということができる。しかし，放送を利用する側にとって，それらはあまりに抽象的で実感のない指標といえよう。特に，災害時の報道などが人びとに与えるさまざまなインパクトは，こうした指標とは全くかけ離れたものとなっている。

近年のネットワーク技術の発展と通信の高速大容量化によって，インターネット網を通じて放送を提供する（以降，「ネット化」と呼ぶ）ことが現実となっ

ている。そこには単に有料チャンネルによる放送コンテンツの提供にとどまらず、過去のテレビ番組の「見逃し視聴」や、通常の放送の「同時再送信」も含まれている。通信ネットワークには基本的に距離の概念が希薄なので、ネットを通じた同時再送信が普及すれば、キー局から一律に放送を提供することが可能となり、地方局の存在意義が薄まるともいわれている。

フルスペックでの放送のネット化がすぐに進展するとは現時点では考えにくいが、わが国でも、NHK による携帯端末向け放送の実験が始まっており、また世界的な動向からもネット化の進展は不可避と考えられる。

大災害はマスメディアの役割を再認識させる。近年、ネットを通じたパーソナルメディアの普及に伴い、日常のコミュニケーションや情報の収集は大きく変化しているなかで、2011 年 3 月 11 日の東日本大震災、および 2016 年 4 月 14 日および 16 日に発生した熊本地震は、情報の伝達という点でマスメディアの役割を再認識させた。同時に、通信の発達によって、人びとにとって情報収集の方法が多様になり、マスコミへの依存が確実に変化していることもうかがうことができる。さらに、放送自体も従来の地上波のみならず、ネットを通じたサービスがはじまることにより、伝達の手段が多様化している。

本章では、こうした技術的、社会的動向をふまえ、特に大規模災害からの復興の時期にも焦点を当て、地域ローカル放送から視聴者が感じとる価値にアプローチする。放送がもつ使命、役割といった言葉に集約される供給側による考察から離れ、放送を受ける側の視聴者が放送に対して抱く主観的価値に着目し、それを経済的価値として数値化することを試みる。

第2節 調査分析の枠組み

分析にあたり、基本的な前提および考え方は以下のとおりである。ここでは地域における民放地方局が提供する放送を対象とする。特定の局や番組を対象とするのではなく、漠然とイメージした「民放が提供する番組」が対象である

が，地域にある程度密着した情報を提供するという点において，ローカル制作の番組に限定する。視聴者は番組を視聴することを通じて地域情報を受け入れるが，それは，万一，ローカル放送が失われた場合には享受できなくなるものである。

震災などの大規模災害時には，放送はその一斉同報性を活かして，情報を地域住民に伝える役割を担っているが，災害からの復興期にも，地域に根ざした細かい情報提供だけでなく，住民に対して力づけとなるなど，重要な役割を担い続ける。ローカル局は地域に密接しているので，情報の粒度がより細かく，また取材力もあるので，地域住民によりかかわりの深い情報の提供が可能である。本調査の対象は，発災直後の混乱期ではなく，復興のフェイズとする。当然ながら，発災直後の混乱におけるテレビの情報の重要性は論を俟たないが，その価値がいかに高いものであっても，それは限られた期間において生じるものであり，数十年に一度程度というそうした状況が発生する確率を考慮すると，期待便益は限りなく小さくなってしまう。したがって，本研究では，復興期というより平常時に近くかつ特別な価値が比較的長く継続する時期に着目した。さらに比較のため，平時を想定して同様の質問を行った。発災後の混乱期とは異なり，復興期は平時に近く，両者において，支払意思額は大きくは変わらないのではないかとも考えられる。しかし，設問のあり方によっては，より混乱期に近いイメージを抱く可能性もあるため，比較のため，平時における地域放送の価値も確認した。

災害からの復興期には，提供された情報が生活やさまざまな活動に役立ち，またTVパーソナリティからの励ましなどが力づけとなり，より前向きに人びとの意識を変える。そして，人びとは，テレビから受ける情報や恩恵を便益として感じる。その主観的な便益を金銭的尺度で表してもらう。そのためには，広告モデルに代わり，視聴者の直接的な支援によって放送を維持するという仮定をおく。すなわち，放送の維持が困難となったときに，放送の維持のためにどれだけの金銭的支援が可能かを問うのである。便益自体の大きさを視聴者が直接表明することは困難で，さまざまな要因の影響を受けるおそれがあるため，

放送維持のために負担可能な額を訊ねることによって，便益の指標とする。

当然ながら，視聴者が直接対価を支払って放送を維持することは，今まで無料で利用可能であった放送が，有料になることと実質的に変わりがない。金銭的な支援に抵抗を感じる視聴者が相当数現れることも予想される。これらは抵抗回答と呼ばれ，全数に対する割合や抵抗の理由は，こうした支援方法の実現可能性を確認するうえでも重要な情報を提供する。

また，どのような形で支援するかによっても，主観的評価に影響が表れる。すなわち，支援の方法によっては，人びとの支払いへの抵抗が高まる可能性があるのである。本調査では，

1）放送局に直接支援金を支払う，および
2）放送維持のための公的基金を創設し利用者は基金に拠出する

という2つの方法を想定した。

回答者にとって放送への親近感が強ければ，維持のための使命感も高まり，直接的に支払うことによる貢献が大きくなると予想できる。逆に，放送への親

【震災復興時支援金のケース】
　以下のような仮想的な状況における質問にご回答ください。
　民放テレビの地方局では，震災の復興期，住民に対する力づけ・きめ細かい情報提供をすることが期待されています。例えば，安否情報，ライフライン情報，支援物資配布情報に始まり，地域の復興情報やイベントの情報などを提供しています。
　しかしながら，民放テレビの地方局が経営上の困難を抱えた場合には，上記のような災害時のサービスの提供を行うことができなくなります。
　このような状況において仮にテレビの放送局にあなたが金銭的な支援を直接行うことを検討する場合を考えて質問にお答えください。なお，支援金はその地域に住む視聴者が直接支払うものとします。

写真出典）平成28年　熊本地震｜熊本フリー写真無料写真の「キロクマ」（商用可）
https://kumamoto.photo/archives/index.php?/category/263/start-15

図3-1　金銭的評価を求める設問の例

近感が弱いあるいは公的な枠組への信頼感が強ければ，直接的な支出を避け，公的基金等を通じた間接的な貢献を志向する可能性が高い。具体的な設問例は，図3-1に示される通りである。あくまで仮想的な状況のもとで，回答者に支払意思額を表明していただいた。

　想定されるシナリオは，2種類の支出方法（直接の支援金，公的基金への拠出）×2種類の状況想定（震災復興時，平時）の4ケースであり，それぞれについて，支払意思額を確認した。

第3節　分析および調査の概要

|3-1|　分析手法

　分析のためにどのようなデータが必要かは，適用する手法にすべて依存する。そのため，分析手法の選択は極めて重要となる。本分析では，因果関係等を検証するものではなく，単純に負担可能な金額を引き出すことが目的となる。そこで，本研究では，

① 仮想評価法（Contingent Valuation Method：CVM）
② 価格感応分析（Price Sensitivity Meter あるいは Price Sensitivity Measurement：PSM）

という2つの方法を用いた。CVMはもともと環境保全への支払意思額を計測するために開発された手法であり，景観や自然環境など，人びとが広く共通に認識できる対象の価値を推定するために用いられてきた（例えば，栗山，1998，Arrow et al., 1993参照）。人びとの支払意思額の累積度数分布は一般に図3-2のように描くことができる。これは，金額と受諾率との関係を表すものであり，より一般的には，これを生存分析などで用いるワイブル分布を当てはめることによって，関数近似することができる。ただし，本調査ではCVMは以下に示すPSMを補完する役割と位置づけており，今回は金額の一覧（10円〜10万円・全く支払いたくない）を示してその中から選択するという，多項目選択式単一

第3章　放送の価値へのアプローチ　　65

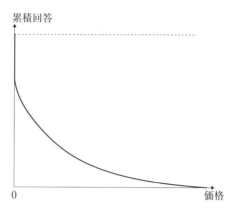

図3-2 仮想評価法（CVM）における回答者の支払意思額の分布の例

回答方法で支払意思額を確認した。

　PSMは，価格が品質を表すとの仮定から，人びとの価格に対する4種類の評価に基づき，受け入れ可能な価格の幅を推定するものである（Van Westendorp, 1976）。すなわち，対象に対して，「高い」と感じはじめる価格，「高すぎて買えない」と感じる価格，「安い」と感じはじめる価格，「安すぎて（信頼がおけず）買えない」と感じる価格の4種類の価格を訊ね，それぞれの価格について累積度数分布曲線を作成し，それぞれの交点から，4つの価格指標，すなわち①下限価格，②上限価格，③最適価格，④妥協価格を導く。図3-3には，4つの価格の分布とそこから得られる4つの価格指標が示されている。横軸に価格，縦軸に累積回答をとると，「高い」と感じはじめる価格と「高すぎて買えない」と感じる価格は右肩上がりの曲線であり，後者は前者の右側に位置する。同様に，「安い」と感じはじめる価格と「安すぎて（信頼がおけず）買えない」と感じる価格は左肩上がり（右端から辿るほうが理解しやすい）の曲線となり，後者は前者の左側に位置する。

　PSMでは，受け入れ可能な価格は下限価格と上限価格との間の価格帯で示される。また，この幅の中に妥協価格と最適価格が存在する。それぞれの価格の解釈は表3-1に示す通りである。ここで，「妥協価格」は，「高い」と感じる

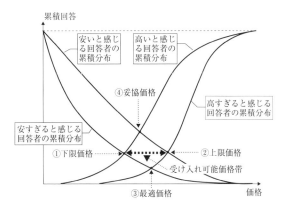

図 3-3 価格感応分析（PSM）における回答の分布の例

回答者数と「安い」と感じる回答者数が均衡し，かつ両者の和が最小となることを意味し，また「最適価格」は，「高すぎる」と感じる回答者数と「安すぎる」と感じる回答者数が均衡し，かつ両者の和が最小となることを意味する。本分析では，妥協価格と最適価格との間の価格帯を「適切な価格」と見なす。

　もともと金銭的評価の対象とはなっていないものごとへの支払意思額の表明は，さまざまな点でバイアスがかかりやすい。例えば，CVM では調査側が想定する価格レンジの幅（特に上限値）によっても回答に影響が表れる。選択可能な価格帯が狭いと，回答者の支払意思額をその幅に抑え込むことになり，逆に上限があまりに高いと，そうした高い値を許容しているとの解釈が働き，上方バイアスがかかる可能性がある。この種の調査においてバイアスを完全に排除することは不可能に近いが，事前の調査によってある程度の範囲を定めることが必要となる。

　さらに，本来的に価格のない対象については，それを金銭的に評価しえない，あるいは評価したくないという感情が働くことがある。回答を拒否するあるいはゼロと回答するという余地を残し，その理由を確認することは重要である。特に，新たな負担を求めるような設問の場合，拒否回答が現れる可能性は高く，逆に拒否の内容を分析することによって，負担の受け入れ可能性の判断に資す

表 3-1　PSM における価格指標

価格指標	内　　容
妥協価格 (Indifference Price: IDP)	「安い」と「高い」が交差する点。「安い」と感じる者と「高い」と感じる者との和が最小。支払われる価格の中央値または市場をけん引する価格と考えられる。
最適価格 (Optimal Price: OPP)	「安すぎる」と「高すぎる」が交差する点。「安すぎる」と感じる者と「高すぎる」と感じる者との和が最小。価格に対する抵抗が低い価格と考えられる。
下限価格 (Marginal Cheapness Price: MCP)	「安すぎる」と「高い」が交差する価格。受け入れ可能な最小価格。
上限価格 (Marginal Expensiveness Price: MEP)	「安い」と「高すぎる」が交差する価格。受け入れ可能な最大価格。
受入れ価格帯 (Range of Acceptable Prices)	下限価格と上限価格の間

出典）Van Westendorp, P.（1976）をもとに筆者作成

ることもできる。

|3-2|　データ

　データの収集は，調査会社に依頼し，オンラインによるアンケート調査によって行った。東日本大震災で被災した東北 3 県（宮城，岩手，福島）および熊本地震で被災した熊本県を対象とし，それぞれから約 1,000 サンプルずつ収集した。調査は 2017 年 8 月 23 日～8 月 26 日の間に実施された。両震災は時期も規模も大きく異なっており，これら 2 つの地域のデータを混用して分析することはできないが，両者を比較することによって，類似性や差異を確認することが可能である。調査項目のうち，基本的な情報を図 3-4 に示す。

① 回答者の居住県　　　　　　　　② 回答者の男女比

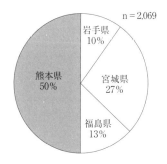
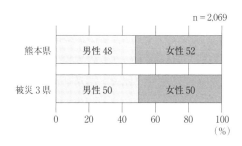

③ 回答者の年齢構成　　　　　　　④ 1ヵ月に自由に使えるお金の分布

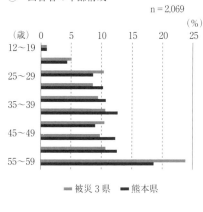
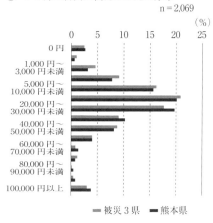

⑤ 震災・津波の被災体験　　　　　⑥ 震災・津波経験の状況

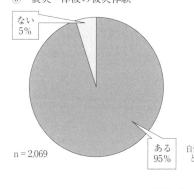
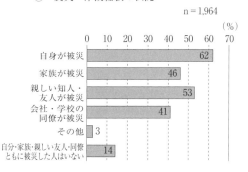

図 3-4　回答者の基本情報

第3章　放送の価値へのアプローチ　　69

第4節 ローカル放送への支払意思額の推定結果

|4-1| CVM による支払意思額の推定

■基金への拠出に比べ，直接的な支援のほうが支払意思額は大きい傾向

　震災復興時を想定した場合と平時を想定した場合におけるローカル放送への支払意思額の分布は図3-5のようになった。薄い実線は直接的に支援金を支出することを想定した場合を表し，濃い実線は公的基金に拠出することを想定した場合を表す。両地域で支払意思額の分布に大きな差異はないことがわかる。また，平時を想定した場合には支援金による負担が公的基金への拠出を上回る傾向がうかがえる。しかし，これは分布の若干の差異程度のものといえる。震災復興時には両者はほぼ一致する結果となった。

■約70%が支払意思を表明した

　全体の70%ほどが支援金を支払う制度を受け入れ，有額を回答した。残りの30%からは有額回答が得られなかったが，このうち支払額ゼロあるいは制度自体に反対する，いわゆる抵抗回答については後ほど解説する。これらを支払額ゼロとして含めるかどうかにより，平均支払意思額は異なる。表3-2左段には非有額回答者を含めた結果を，右段にはそれらを除いた結果を示した。分布は左肩上がりの形状を持つため，必ずしも平均値が全体を代表するとはいえず，むしろ，全体の分布の中で中央（50%）の位置を占める回答者が示した回答額である中央値がより代表的な指標となることがある。本分析では，平均値および中央値に加えて，最頻値（最も多く回答があった金額）についても結果を示した。今回の調査では，選択肢の中から自身の支払意思額に最も近いと思われる金額を選んで回答する方式をとったため，後者の2値は，キリの良い100円単位の数値になっている。

（a）東北3県

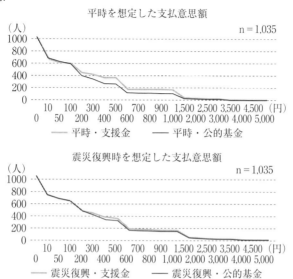

（b）熊本県

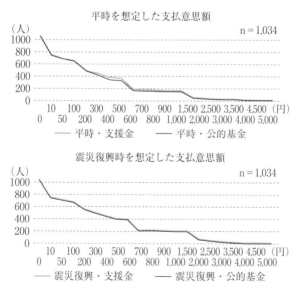

図3-5　CVMによるローカル局への支払意思額

表3-2　CVM による支払意思額の推定結果

（a）東北3県

全数

サンプル	有効度数	平均値	中央値	最頻値
平時・支援金	1035	¥491	¥100	¥0
平時・公的基金	1035	¥652	¥100	¥0
震災復興時・支援金	1035	¥655	¥100	¥0
震災復興時・公的基金	1035	¥511	¥100	¥0

支払意思額あり

サンプル	有効度数	平均値	中央値	最頻値
平時・支援金	672	¥757	¥500	¥500
平時・公的基金	690	¥977	¥300	¥100
震災復興時・支援金	724	¥936	¥500	¥500
震災復興時・公的基金	735	¥720	¥300	¥100

（b）熊本県

全数

サンプル	有効度数	平均値	中央値	最頻値
平時・支援金	1034	¥578	¥100	¥0
平時・公的基金	1034	¥513	¥100	¥0
震災復興時・支援金	1034	¥629	¥200	¥0
震災復興時・公的基金	1034	¥774	¥200	¥0

支払意思額あり

サンプル	有効度数	平均値	中央値	最頻値
平時・支援金	704	¥849	¥500	¥500
平時・公的基金	716	¥740	¥300	¥500
震災復興時・支援金	736	¥884	¥500	¥500
震災復興時・公的基金	754	¥1,061	¥500	¥500

■**東北3県支払意思額の平均値491〜655円／月（非有額回答者含む），720〜977円／月（同除く）**

　東北3県について解説すると，非有額回答者を含めて全数で計算した結果では，平均値は月額491〜655円，中央値はすべてのシナリオにおいて100円となっている。また，ゼロ円が最頻値となっている。平時・支援金の平均値は491円で，最も低くなった。平時・公的支援が652円であり，直接支援による支出が公的基金への拠出より低くなった。震災復興時・支援金は655円，震災復興時・公的基金は511円である。

　次に，非有額回答者を除いた場合には，平均値は720〜977円，中央値は300円ないしは500円となっている。最頻値は直接の支援金の場合500円，公的支援への拠出では100円となった。平時・支援金の平均値は757円，平時・公的支援が977円であり，上記と同様，直接支援による支出が公的基金への拠出より低くなった。震災復興時・支援金は936円，震災復興時・公的基金は最も低く720円である。

また，中央値では，非有額回答者を除かなかった場合，すべてのケースにおいて100円となった。他方，非有額回答者を除いた場合，直接の支援を行う場合が平時および震災復興時ともに500円であったのに対し，公的基金への拠出では300円となった。直接的支援において，より多くの額を支払う傾向のあることがうかがえる。

■熊本県支払意思額の平均値513〜774円／月（非有額回答者含む），740〜1,061円／月（同除く）

　他方，熊本県について，全数に基づいた結果では，平均値は月額513〜774円，中央値は100円ないしは200円となっている。東北3県と同様，ゼロ円が最頻値となっている。平時・支援金の平均値は578円である。平時・公的支援が513円であり，東北3県の結果とは異なり，直接支援による支出が公的資金への拠出を上回っている。震災復興時・支援金は629円，震災復興時・公的基金は774円である。

　次に，非有額回答者を除いた場合には，平均値は740〜1,061円，中央値は300円ないしは500円となっている。最頻値はすべてのケースにおいて500円となった。平時・支援金の平均値は849円である。平時・公的基金が740円であり最低となった。非有額回答者を含んだ場合の結果と同様，東北3県の結果とは異なり，直接支援による支出が公的基金への拠出を上回っている。震災復興・支援金は884円に対して，震災復興時・公的基金は1,061円であり，後者のほうが高いという結果となった。

　中央値では，非有額回答者を含めた場合，平時の100円に対して，震災復興時では200円とより多くの額を支出する傾向が示された。非有額回答者を除いた場合には唯一，平時・公的基金において300円と低く，そのほかのケースでは500円となった。

第3章　放送の価値へのアプローチ　　73

|4-2| PSMによる支払意思額の推定

■ PSM分布図は整合的である

　PSMによる分析は8ケース（2地域×2状況×2支援制度）となる。結果的に大きな差異はなかったので，ここでは代表的な2つのケース，すなわち，震災復興時かつ直接の支援金のケースを分析した結果を両地域について示す（図3-6参照）。図の構造はすべて整合的であり，例えば「高い」と感じる価格が「高すぎて買えない」と感じる価格を上回るといった分布上の矛盾は存在しない。このことはほかのすべてのケースについても確認した。支払意思額の推定結果は，表3-3の通りである。上段には，東北3県に関し，それぞれ直接の支援金および公的資金への拠出の双方について4種類の価格を算出した結果が示されている。今回の調査では，価格に関する「高い」から「安すぎて（信頼がおけず）買えない」までの4種類の主観的評価の累積分布曲線に関して関数近似をしていないので，一意に交点を求めることはできない。表3-3に上限および下限とあるのは，交点がその間に位置することを意味する。

■東北3県震災復興時　支援金支出受け入れ可能価格帯200〜600円／月，適切な価格帯400〜500円／月，公的基金への拠出受け入れ可能価格帯200〜600円／月，適切な価格帯400〜500円／月

　震災からの復興期を想定した東北3県における支援金による直接的支出（表3-3左上の表）では，上限は月額500〜600円，下限は200〜300円の間にあり，妥協価格と最適価格はいずれも400〜500円の間に位置する。したがって，受け入れ可能な価格の幅は200〜600円であり，400〜500円の間に適切な価格が存在する。公的基金への拠出の場合もまったく同様で，上限は500〜600円，下限は200-300円の間にあり，妥協価格と最適価格はいずれも400〜500円の間に位置する。したがって，受け入れ可能な価格の幅は200〜600円であり，400〜500円の間に適切な価格が存在することになる。

(a) 東北3県

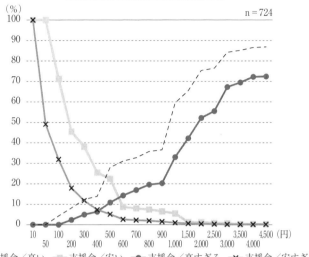

(b) 熊本県

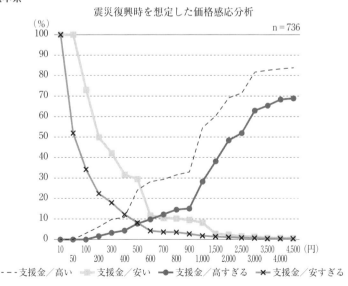

図 3-6　PSM による推定結果（震災復興時）

表 3-3　PSM による支払意思額の推定結果

（a）東北 3 県

震災復興時

指標	支援金		公的基金	
	下限	上限	下限	上限
妥協価格	¥400	¥500	¥400	¥500
最適価格	¥400	¥500	¥400	¥500
下限価格	¥200	¥300	¥200	¥300
上限価格	¥500	¥600	¥500	¥600
受入れ可能価格帯	¥200 - ¥600		¥200 - ¥600	

平時

指標	支援金		公的基金	
	下限	上限	下限	上限
妥協価格	¥400	¥500	¥400	¥500
最適価格	¥400	¥500	¥300	¥400
下限価格	¥300	¥400	¥200	¥300
上限価格	¥500	¥600	¥500	¥600
受入れ可能価格帯	¥300 - ¥600		¥200 - ¥600	

（b）熊本県

震災復興時

指標	支援金		公的基金	
	下限	上限	下限	上限
妥協価格	¥500	¥600	¥500	¥600
最適価格	¥500	¥600	¥500	¥600
下限価格	¥400	¥500	¥400	¥500
上限価格	¥600	¥700	¥600	¥700
受入れ可能価格帯	¥400 - ¥700		¥400 - ¥700	

平時

指標	支援金		公的基金	
	下限	上限	下限	上限
妥協価格	¥500	¥600	¥400	¥500
最適価格	¥500	¥600	¥400	¥500
下限価格	¥400	¥500	¥300	¥400
上限価格	¥700	¥800	¥500	¥600
受入れ可能価格帯	¥400 - ¥800		¥300 - ¥600	

■東北 3 県平時　支援金支出受け入れ可能価格帯 300〜600 円／月，適切な価格帯 400〜500 円／月，公的基金への拠出受け入れ可能価格帯 200〜600 円／月，適切な価格帯 300〜500 円／月

同様に，平時を想定した場合には，支援金による直接的支出上限は月額 500〜600 円，下限は 300〜400 円の間にあり，妥協価格と最適価格はいずれも 400〜500 円の間に位置する。受け入れ可能な価格の幅は 300〜600 円であり，400〜500 円の間に適切な価格が存在する。公的基金への拠出の場合には，上限は 500〜600 円，下限は 200〜300 円の間にあり，妥協価格は 400〜500 円の間，最適価格は 300〜400 円の間に位置する。受け入れ可能な価格の幅は 200〜600 円であり，300〜500 円の間に適切な価格が存在することになる。

■熊本県震災復興時　支援金支出受け入れ可能価格帯 400〜700 円／月，適切な価格帯 500〜600 円／月，公的基金への拠出受け入れ可能価格帯 400〜700 円／月，適切な価格帯 500〜600 円／月

　震災からの復興期を想定した熊本県における支援金による直接的支出（表3-3 左下の表）では，上限は月額 600〜700 円，下限は 400〜500 円の間にあり，妥協価格と最適価格はいずれも 500〜600 円の間に位置する。受け入れ可能な価格の幅は 400〜700 円であり，500〜600 円の間に適切な価格が存在するという結果となる。公的基金への拠出の場合には，上限は 600〜700 円，下限は400〜500 円の間にあり，妥協価格と最適価格はともに 500〜600 円の間に位置する。受け入れ可能な価格の幅は 400〜700 円であり，500〜600 円の間に適切な価格が存在することになる。

■熊本県平時　支援金支出受け入れ可能価格帯 400〜800 円／月，適切な価格帯 500〜600 円／月，公的基金への拠出受入れ可能価格帯 300〜600 円／月，適切な価格帯 400〜500 円／月

　同様に，平時を想定した場合には，上限は月額 700〜800 円，下限は 400〜500 円の間にあり，妥協価格と最適価格はいずれも 500〜600 円の間に位置する。受け入れ可能な価格の幅は 400〜800 円であり，500〜600 円の間に適切な価格が存在する。公的資金への拠出の場合には，上限は 500〜600 円，下限は 300〜400 円の間にあり，妥協価格と最適価格はともに 400〜500 円の間に位置する。受け入れ可能な価格の幅は 300〜600 円であり，400〜500 円の間に適切な価格が存在することになる。

|4-3| 抵抗回答

■金銭的負担に抵抗を持つ人がいるのは当然である

　回答者の中には，民間放送への金銭的支援をしたいとは思わない人びとが一定数存在する。民放はもともと無料で提供されているので，金銭的負担を伴うことに抵抗を感じるのは当然ともいえる。

情報やコンテンツは無料で提供される環境に慣れていれば，それらに対して対価を支払うこと自体に抵抗を感じる．また，特に放送に関しては，NHKの受信料負担もこうした追加的支出に影響を与えている可能性は否定できない．放送に限らず，制度変更やビジネスモデルの変更が伴う際には，消費者の抵抗感がどの程度であるかはその変更の実行可能性を検証するうえで重要であり，

（a）東北3県

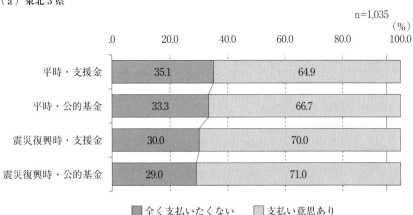

（b）熊本県

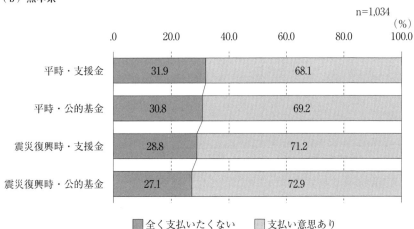

図3-7　「支払いたくない」と答えた回答者の割合

慎重に検討しなければならない。

■負担額を表明しなかった回答者は東北３県および熊本県でそれぞれ 29.0 ～35.1％および 27.1～31.9％

　今回の調査では，図 3-7 に示される通り，東北 3 県および熊本県で，それぞれ 29.0～35.1％および 27.1～31.9％の回答者が「支払いたくない」と答え，金銭的負担を表明しなかった。放送の維持という現状維持的な課題解決のために単純に負担が増える想定であるにもかかわらず，逆に多くの回答者が支援の要請を受け入れているといえる。状況と支出の方法により拒否率はやや異なり，平時・支援金が最も拒否率が高く，震災復興時・公的基金への支出が最も抵抗が少ない。

■真に支払いを拒否あるいは制度に反対したのは全体の２割程度

　支払いたくない理由の詳細は，図 3-8 に示されている。支払いたくないと答えた回答者のうち，「民放に支払いたくない」および「地方局を支援するいかなる制度にも反対」と支払いを明確に拒否すると回答した割合はそれぞれ 44.0～55.6％および 10.9～17.0％であり，両者を併せても全回答者の 2 割程度である。従って，真に負担を拒否したあるいは制度自体に反対する回答者の割合はそれほど高くはなく，ローカル放送を維持することが地域の住民にとって重要であることを示唆している。

　公的基金への支出を訊ねる場合には，公的基金の投入を税金による支出のようにとらえて反対する可能性もあるので，その理由のひとつに「金銭的な支援をしてもよいが，税金を財源とするのには反対」という項目を入れた。これを支払拒否の理由に挙げたのは 6.0～8.8％であった。公的基金の性格はほぼ正しく理解されていることがわかった。

第3章　放送の価値へのアプローチ　　79

（a）東北3県

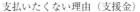

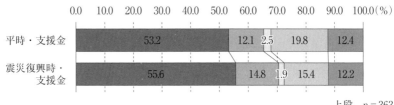

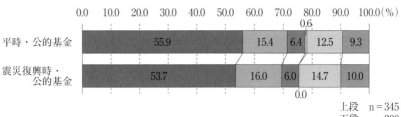

(b) 熊本県

支払いたくない理由（支援金）

■ 民放テレビの地方局に支援金を払いたくない
■ 民放テレビの地方局を支援するいかなる制度にも反対である
□ 民放テレビの地方局に支援金を払う意思はあるが、提示された金額が高すぎる
■ 質問の意味がわからない
■ その他

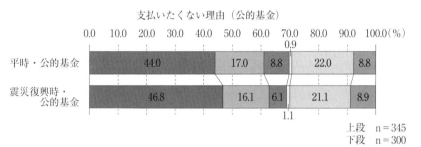

支払いたくない理由（公的基金）

■ 民放テレビの地方局に金銭的な公的支援をしたくない
■ 民放テレビの地方局を公的支援するいかなる制度にも反対である
■ 民放テレビの地方局に金銭的な公的支援をしてもよいが、税金を財源とするのは反対である
□ 民放テレビの地方局に金銭的な公的支援をする意思はあるが、提示された金額が高すぎる
■ 質問の意味がわからない
■ その他

図 3-8 「支払いたくない」と答えた理由

第3章 放送の価値へのアプローチ　81

第5節 おわりに

|5-1| 結果は何を示唆するか

以上の結果からわかったことをまとめてみよう。

■ローカル放送への支払意思

想定によって若干の差はあるが，あらゆるシナリオにおいて，月額数百円程度の支払意思額を確認することができた。無料で視聴できることが当然と思われている民放ローカル放送であるが，地域住民の評価では，万一，広告モデルが成立しなくなり，視聴者からの支援が必要になった場合には，相応の金額を支出してもよいと多くの回答者が答えている。

支払いたくない，あるいはそうした制度自体を拒否すると答えた割合は全体の2割程度なので，拠出することに対する拒否感はさほど強くないといえる。単純な比較はできないが，NHK受信料の支払いをしていない世帯の割合は，平成28年末の全国値推計で21.8％（NHK, 2017）であり，ほぼ同様の支払意向が働いているといえる。ただし，本調査における前提条件は，支払いは義務ではなくあくまでも任意の貢献となっている。したがって，拒否回答が少なかったことは，地域において民放が一定の役割を果たしており，それを地域住民が評価していることを意味しているといえる。

当然ながら，この数値をもって，視聴者の負担によってもローカル放送が維持可能であるとすることは早計である。あくまでも，ローカル放送の維持が困難となったという状況において，視聴者が支出可能な金額を表明したものであり，継続的にその金額を支払い続けることを何ら保証するものではない。

■震災復興時と平時との差

実は，調査前には，震災復興時を想定した場合，平時に比べ，支払意思額がもう少し高くなるのではないかとの予想もあった。実際には，そうした予想と

は異なり，ほとんど差が生じなかった。当初の仮定では，メディアによる「力づけ」の役割の効果を期待していたが，それを金銭的な差異として視聴者が認識するまでには至っていないことがわかった。

　本章では触れていないが，別途，メディアを含めた各種の情報と「力づけ」との相関関係を分析した。その結果，テレビ（NHK，民放）が「力づけ」に対し有意に正の相関を持つが，しかし相関係数は低く，高い貢献をしているとは言えない状況が明らかになっている（大塚・三友，2017）。ソーシャルメディアやウェブサイト，ブログなどはほとんど有意な相関が得られなかったので，テレビの「力づけ」効果は，これらに比べて有意であると推察することはできるが，強調できるほどの差異ではなかった。

　発災直後の混乱期では情報の価値は非常に高いであろう。しかし復興期は徐々に原状に戻るフェイズであり，平時との大きな差異を意識できるほどではないとも推測できる。それぞれの震災から相応の時間が経過しているものの，現時点でも復興への努力が続いていることから，本調査における想定では，平時との違いを想起できなかったと思われる。

■直接的な支援と公的基金への拠出による支援の差

　今回の結果では，一部例外はあるが，公的基金への拠出の場合には，直接的な支援に比べ，支払意思額は100円程度低くなっている。このことは公的なサービスの支援を考えるうえで重要な示唆を与える。支援のための受け皿となる機関を創設し資金を配分するという方式はこれまでさまざまな分野で行われてきた。例えば，条件不利地域における通信を維持するために電話番号利用者から徴収されているユニバーサルサービス料は，同サービス基金を通じて，条件不利地域に通信サービスを提供している事業者に配分されている。

　こうした基金は，制度を維持運営するうえで主体が明確となり実効的だが，支出する側からはやはり不透明感があり，維持のための直接的な貢献をしているという感覚に乏しくなるのではなかろうか。逆に，直接的な寄付や資金提供を受け入れる仕組みは現状の放送機関にはないと思われるので，表明した金額

を直接的に支払うことの実現可能性も問われなければならない。

　これらの点も含め，本調査はあくまで仮想的な状況想定のもとで，ネット調査という限定的なデータ収集方法に基づき，分析を行っている。現実へのインプリケーションを考察する際には留意が必要である。調査方法自体は比較的一般的なもので，また，なるべく地域を代表するようなサンプリングとなるよう心掛けたが，無作為抽出によるサンプリングとはいえないので，結果の解釈も，そうした限定的な条件の下で成り立つものであることにも留意する必要がある。

|5-2| むすび

　放送・通信技術の高度化，視聴形態の変化等さまざまな理由により，放送のIP化は今後さらに進展するであろう。それに伴い，地域放送の存在意義が薄れるのではないかという危惧もある。今後，いかなる形でIP化が進展するかを予測することはむずかしいが，放送の地域性をいかに考慮するかは今後大きな課題となる可能性がある。

　地域住民は，地域放送にどの程度の価値を感じ取っているのかを数量化するという試みは，本調査研究の中心的課題であり，仮想的な状況想定の下ではあるが，2つの手法を用いてほぼ同様の結果を導くことができた。本調査研究を通じて，地域の視聴者は民放ローカル放送に一定の価値を見出していることがわかった。ネットを利用した放送においても，地域の放送やCMを入れることは技術的には可能であるが，どのようなネットワーク構成をとることが視聴者にとって魅力的であり，かつ事業として効率的であるかを追求することによって，その方向性が見えてくるであろう。

　本調査研究の結果は，放送の価値の一面を視聴者の観点からとらえたものである。こうした手法によって，今後，民放のビジネスモデルを再考する必要が生じた場合に，ひとつの情報を提供することが可能である。今野（2017，p.1）は，「地方局に限らず，民放を支えるものとは，そもそも誰なのだろうか」との疑問を提示して，広告モデルに代わるビジネスモデルを検討することの必要性を語っている。[1]こうした議論に直接的に与するものではないが，放送・通信に限

らず，大きな変化の到来を予感させる状況において，とりわけ地域の視聴者にとっての放送の価値を問うことは，有用であろう。そうした要請にも応じることができるよう，今後さらなる精緻化を期したい。

┃ 参考文献 ┃

大塚時雄・三友仁志（2017）「震災復興期における地域放送メディアの価値計測に関する研究」日本地域学会第 54 回年次大会，2017 年 10 月 8 日

放送人の会（2017）『放送人の会』No. 79，2017 年 10 月 27 日

栗山浩一（1998）『環境の価値と評価手法』北海道大学図書刊行会，1998 年 12 月

日本放送協会（NHK，2017）「平成 28 年度末　受信料の推計世帯支払率（全国・都道府県別）について」https://pid.nhk.or.jp/jushinryo/pdf/osirase_siharairitu28.pdf（2018 年 4 月 1 日閲覧）

Arrow, K., Solow, R., Portney, P. R., Leamer, E. E., Radner, R. and H. Schuman（1993），"Report of the NOAA Panel on Contingent Valuation," *Federal Register*, vol. 58, no. 10.

Van Westendorp, P.（1976），NSS-Price Sensitivity Meter（PSM）- A new approach to study consumer perception of price, Proceedings of the ESOMAR Congress.

1）この記事については，前川英樹氏（民放連研究所客員研究員会オブザーバー）にご教示いただいた。

第4章

ベイズ型コウホートモデルによる メディア意識・行動の変化構造の分析:

継続調査データによるテレビ局好意度に関する 地域別比較およびメディア間接触比較

渡邊 久哲／森本 栄一

第1節　はじめに

|1-1|　世代の特徴への着目

　「活字世代」「テレビ世代」「ネット世代」，さらにはもっと細かく「デジタルネイティブ」「ネオ・デジタルネイティブ」など，人びとのメディア利用法やメディア嗜好を特定の世代の特徴として捉えようとする考え方がある。

　幼少時に書籍を第一の娯楽メディアとした世代は読書を生涯の楽しみとすることができるだろう，生まれた時からテレビの音と映像の中で育った世代は成人後も潜在的な「テレビ好き」であり続けるだろう，小中学生時にスマートフォンの巧みな操作を習得した世代はモバイル端末に強い親近感を持ったまま大人になるだろう等の仮説である。これらの仮説は世代（＝生まれた年を同じくする集団）の特徴に着目した考え方であり，一定程度の説得力を持つのではないだろうか。

　世代論はとかく自己の体験に基づく印象批評的なものに陥りがちであるが，本稿はビデオリサーチ社が実施してきた継続調査データにコウホート分析（ベイズ型コウホートモデル）いう時系列解析法を適用することにより，上記の考えを客観的に実証しようとしたものである。

日本のテレビおよびテレビを取り巻く環境は年々めまぐるしく変化し，さまざまなメディアが混在する状況にある。1953年に放送サービスを開始し全国に普及している地上波テレビ（民放，NHK）に加えて，BSテレビやCS専門チャンネルが普及率を伸ばして共存し多チャンネル状況を呈している。

　こうした中，通信基盤として1990年代から広がり始めたインターネットは2000年代に入るとブロードバンドの普及に伴って急激に広がり，今日では日常生活に不可欠のメディアとなっている。インターネットは端末も多様で，据え置きパソコン（PC）の他，スマートフォン，タブレットなどのモバイル端末が若者を中心に受け入れられている。このような状況の中，エイベックス・デジタルとNTTドコモの合弁会社による携帯電話専門の動画配信サイトBeeTV，テレビ朝日とサイバーエージェントの合弁会社が始めたAbemaTVなどの動画配信サイトサービスの展開は，これまでとは違った「テレビ」を人びとに経験させている。さらに海外からHulu，Netflix，Amazonプライムなどの配信サービス事業者が参入している。こうした動向は，かねてより指摘されている若年層における（従来のテレビの）「存在感の希薄化」に追い打ちをかける可能性がある。

　こうした多様なテレビ放送やデジタルメディアはどのような世代にどのような形で受け入れられているのか，本稿では，継続調査データと時系列解析法に基づき，客観的かつ実証的に各世代のメディア受容を浮き彫りにすることを目指している。

　具体的には，60年以上の歴史をもつ地上波テレビ（民放とNHK）は各世代にどのように受容されているのか，について「テレビ局に対する好意度」を測定したデータを分析して明らかにすることにした。実際のテレビ視聴には個々の番組コンテンツに対する興味・関心，好意が影響を与えているのは言うまでもないが，その蓄積としてテレビ局に対する好意度が形成されているのではないかと考えた。

　また，その一方で新しく台頭してきているBSテレビ・CS専門チャンネル

あるいはインターネットについても各世代がどのように接触しているのかについて分析を行う。手法としては，とくに統計数理研究所の中村隆の開発したコウホート分析（ベイズ型コウホートモデル）（中村，1982；Nakamura, 1986；中村，2005）により各世代の特徴を明らかにしていく。同手法については後に詳説する。

|1-2| 本稿で紹介する分析

　本稿では，地上波テレビ局（民放局および NHK）への好意度の変化に着目した。地上波民放局の放送免許は県域が基本であるため，都道府県ごとに地上波民放と NHK それぞれの局に対する好意度の変化の仕方を探った。質問は，都道府県ごとに民放各局と NHK の局名を提示した選択肢の中から「好きなテレビ局」を選ばせる（複数選択可）ものであり，2002 年から 2016 年までの 15 年分の継続調査の結果を分析した。なお分析にあたり，好きなテレビ局として地上波民放局のみを選択した人を「民放のみ選択層」，地上波民放局の選択有無にかかわらず NHK を選択した人を「NHK 選択層」と定義した。

　ただし，都道府県ごとに局数はかなり異なるため，置局数の異なる地区の中から代表的なエリアを分析対象として選んだ。具体的には，地上波民放テレビ局が広域免許を付与されている関東地区 ①，関西地区 ② の他，地上波民放 5 局地区である北海道 ③，福岡県 ④，民放 4 局地区である静岡県 ⑤，広島県 ⑥，鹿児島県 ⑦，3 局地区である青森県 ⑧，2 局地区である福井県 ⑨ の合計 9 地区である。

　上記のそれぞれの地区ごとに，好きなテレビ局を問う質問（複数回答可）において民放のみを選んだ人の割合および NHK を選んだ人の割合の変化を男女別に見ていった。

　分析手順としては，まず単純集計値の時系列変化を見た後にコウホート分析（ベイズ型コウホートモデル）を適用した。

|1-3| コウホート分析とは

　人びとは若い頃は感受性が強く，この時のさまざまな経験が記憶に強く残り，

表 4-1　コウホート分析における 3 効果

> **時代効果（Period Effect）** …特定な年齢層や特定な世代の変化や違いではなく，時代の変遷につれてあらゆる年齢層，あらゆる世代の人々が同じ方向に変化していく部分を表す（時代要因による変化）。
>
> **年齢効果（Age Effect）** …特定の時代背景に関係なく，あらゆる時代を通じて共通に人が年齢の変化（つまり加齢）とともに変化していく部分を表す。単に老いなどの生理的・肉体的変化だけを表すものではなく，就職や結婚，出産・育児，定年などの人生の重要な転換点によるライフステージの変化なども含む（加齢による変化）。
>
> **世代効果（またはコウホート効果）（Cohort Effect）** …特定の時代背景や年齢の変化（加齢）に関係なく，例えば「団塊世代」に代表されるように，若い頃，同じ時代に同じ時代環境の中で育った人々が共通に持ち続けている，他の世代の人々とは異なる部分（意識や価値観，行動様式など）を表す（世代による差）。

潜在意識に蓄積されこれらがひとつの価値基準となり，その後の人生において少なからず影響を与えていることがよくある。テレビに関しても同様に，幼年期・若年層の時の視聴経験が記憶に強く残り，世代共通の価値基準「世代効果（コウホート効果）」が形成され，その後の視聴行動にさまざまな影響を与えていると考えられる。それゆえ「世代効果（コウホート効果）」を変化の要因のひとつとして分離することができる「コウホート分析」による分析が最も有効と考えた。これまでの研究からも（渡邊・森本，2008a, b; 2009; 鈴木・森本，2010; 森本，2013)，人びとのさまざまな意識や価値観，行動において「世代効果」が影響を与えていた。

「コウホート分析」は，年齢×時代別の継続調査の時系列データ（コウホート表という：表4-2）から「時代」「年齢」「世代（コウホート）」の 3 つの効果（表4-1）を分離し，変化の構造を探る方法である。

本分析の指標は「テレビ局に対する好意度」で比率型モデルになるので，分析するにはこれをロジット変換したベイズ型ロジットコウホートモデルを用いている。このモデルは，第 j 調査年の第 i 年齢階級（本分析では調査データ各年，年齢階級 5 歳幅とした）の好意度の割合を p_{ij} とするとき，これをロジット変換した q_{ij} を下記の様に 3 つの効果に分解するモデルである。

表4-2　比率型コウホート表の例（一般コウホートの場合）

時点 年齢	2002	2003	2004	2005	2006	…	2011	2012	2013	2014	2015	2016
15-19	75.3	71.7	69.8	75.1	78.5	…	78.1	74.0	68.1	67.4	68.7	75.7
20-24	66.9	75.7	70.4	79.6	80.2	…	84.7	74.8	81.3	80.5	81.0	82.1
25-29	66.4	63.3	70.2	80.1	69.4	…	76.6	85.4	81.2	81.1	79.5	79.2
30-34	65.8	63.5	62.8	65.2	68.1	…	74.6	72.7	77.4	73.5	72.3	73.7
35-39	60.4	71.0	64.5	62.2	77.6	…	69.7	67.2	77.8	74.8	78.6	81.5
40-44	62.6	65.8	65.3	70.1	67.6	…	75.0	72.9	70.7	71.0	72.3	75.2
45-49	73.3	68.1	65.7	68.4	69.4	…	66.7	69.6	74.4	71.7	75.2	74.1
50-54	69.7	78.8	72.9	70.9	67.9	…	64.1	64.6	74.4	71.8	68.5	74.9
55-59	70.7	79.4	75.8	73.6	74.2	…	75.1	78.4	74.9	72.0	75.7	73.5
60-64	74.1	83.9	65.5	75.9	76.3	…	65.9	67.7	69.9	72.5	72.8	68.8
65-69	84.9	76.2	80.7	76.0	70.8	…	76.9	71.6	78.6	81.8	81.1	74.0	⇒ 昭和26-31年生

※調査間隔と年齢区分が一致しているものを「標準コウホート」表，一致していないものを「一般コウホート」表という．本研究では，5歳幅で各年調査の「一般コウホート」表を分析対象としている．

$$\begin{pmatrix} ある時代の \\ ある年齢層を \\ 特徴づける数量 \end{pmatrix} = \begin{pmatrix} 時勢による \\ 変化 \end{pmatrix} + \begin{pmatrix} 加齢による \\ 変化 \end{pmatrix} + \begin{pmatrix} 世代固有の \\ 部分 \end{pmatrix} + \begin{pmatrix} サンプリング \\ 誤差 \end{pmatrix}$$

$$= （時代効果）+ （年齢効果）+ （世代効果）+ （誤差）$$

$$q_{ij} \equiv \log[p_{ij}/(1-p_{ij})] = \mu_0 + \mu_i^A + \mu_j^P + \mu_k^C,$$
$$i=1,\cdots,I;\ j=1,\cdots,J;\ k=j-i+I$$

ここで，μ_0 は総平均効果，μ_i^A, μ_j^P, μ_k^C はそれぞれ「年齢効果」「時代効果」「世代（コウホート）効果」の各パラメータであり，各効果のパラメータの和がゼロになるように基準化していく（ゼロ和制約）．なお各パラメータは間隔尺度であり，単位はない（無名数である）．

ただ，この3効果には「時代＝年齢＋コウホート」の一次従属の関係にあり，何らかの付加条件がなければ原理的に3効果を分離することが不可能という「識別問題（identification problem）が存在する（Mason, Mason, Winsborough, and

表 4-3　中村のベイズ型コウホートモデル（識別問題の克服）

パラメータの漸進的変化の条件：

$$\frac{1}{\sigma_A^2}\sum_{i=1}^{I-1}(\mu_i^A-\mu_{i+1}^A)^2+\frac{1}{\sigma_P^2}\sum_{j=1}^{J-1}(\mu_j^P-\mu_{j+1}^P)^2+\frac{1}{\sigma_C^2}\sum_{k=1}^{K-1}(\mu_k^C-\mu_{k+1}^C)^2 \to min$$

$\mu_i^A,\ \mu_j^P,\ \mu_k^C$：年齢，時代，世代（コウホート）効果の各パラメータ

ただし，各効果はゼロ和制約 $\sum_{i=1}^{I}\mu_i^A=\sum_{j=1}^{J}\mu_j^P=\sum_{k=1}^{K}\mu_k^C=0$ を満たす

$\sigma_A^2,\ \sigma_P^2,\ \sigma_C^2$：ハイパーパラメータ（各効果に対する適当な重み）

赤池のベイズ型情報量規準 ABIC：

$$\mathrm{ABIC}=-2\log\int f(n\,|\,\mu)\cdot\pi(\mu_*\,|\,\sigma_A^2,\sigma_P^2,\sigma_C^2)\,d\mu_*+2h,\ \ h\ は ハイパーパラメータ数$$

Poole, 1973; Pullum, 1978; Fienberg and Mason, 1978）。この課題に対して，中村は「パラメータの漸進的変化の条件（緩やかな付加条件）」を取り込み，ABIC（赤池のベイズ型情報量規準）最小化により最適モデルを選択することにより，この「識別問題」を克服した（中村，1982; Nakamura, 1986）。

　中村のベイズ型コウホートモデルの方法（コウホート分析）により，恣意的な付加条件ではなく，データドリブンに時系列データから，変化の要因である年齢による違い（年齢効果），時代による変化（時代効果），世代による違い（世代効果）を分離することができた。この方法を用いて分離した3つの効果の違いにより，人びとの地上波テレビ局に対する好意度の変化構造を探った。

　本稿の後半では，地上波テレビ局への好意度分析を補う目的で，地上波テレビ，BS/CS 放送への接触，録画再生視聴（タイムシフト）の利用状況，インターネットへの接触状況に関する分析を行った。特にインターネット利用に関してはパソコン（PC）での利用とモバイル利用に分けたが，動画視聴に限らず広くサイトへのアクセスを含めている。これは 2000 年以降の時系列データを対象にしており各種の動画配信サービスがまだ開始していない時期を含むためである。ただし，メール利用等は除いている。

　補足分析では，ビデオリサーチ社の MCR/ex（関東）のデータを用いてい

る（調査概要は表 4-5 を参照）。手法としては，こちらも単純集計値の時系列データの比較を行ったうえで同様にコウホート分析による分析を行った。

第2節 地上波テレビ局への好意度の時系列変化の構造

|2-1| 地上波テレビ局（民放と NHK）への好意度の時系列変化

　日本の放送制度においては 1950 年に制定された放送法で公共放送と民間放送の併存体制が承認された。テレビ放送は 1953 年に開局した NHK と日本テレビ放送網以来，NHK と民放各局はそれぞれの番組編成を通じて切磋琢磨しながら日本のテレビ文化を築き上げてきたのである。その後，1989 年に NHK 衛星第 1 テレビと衛星第 2 テレビが，1990 年に WOWOW が国内初の民間衛星放送テレビを始めるまで，40 年間近く地上波テレビ（および難視聴対策のケーブルテレビ）のみの時代が続いた。そしてこの間さまざまな番組が国民の注目を集め流行を生み出してきた。今日，テレビの多チャンネル化が進みまた動画配信サービスも盛んになりつつある中にあっても，地上波テレビは依然として一定程度のシェアを維持している。

　以上を踏まえて，本稿では地上波テレビ局が今日全国の各世代の人びとにどの程度好意を持って受け入れられているのかに着目した。しかしながら，地上波民放は県域の放送免許を基本としているため，分析には唯一全国都道府県ごとにメディア関する調査を継続的に行っているビデオリサーチの J-READ 調査（全国新聞総合調査）の継続調査データを用いた。J-READ はもともと都道府県別の新聞購読実態の把握を目的に，15 歳以上 69 歳以下の各都道府県民（各県約 400〜1,200 サンプル，全国約 28,800 サンプル）を対象に郵送法（サンプリング及び協力依頼は RDD 法により代表性を担保している）で毎年継続的に実施してきたものである。今回は 2002 年以降のデータで地上波テレビ局への好意度（好きなテレビ局の選択）に関する質問を用いて分析を行った。

　分析は全国 47 都道府県ごと，男女別，NHK と民放テレビ別に 47 × 2 × 2

表 4-4　J-READ の調査概要

調査エリア	全国 47 都道府県（全域）　※ 2001 年調査開始
調査対象	満 15〜69 歳男女個人
有効サンプル数	全国計約 28,800 人
対象者抽出	各都道府県ごとに RDD 法（Random Digit Dialing）により調査対象者を抽出し，調査協力を依頼
調査方法	調査協力を応諾した対象者に自記入式調査票を郵送 記入後，郵送にて調査票を返送
調査期間	毎年 10 月中旬より 1 週間

＝188 ケースという膨大なケースになるが，紙面の都合からすべてを紹介できないため，先に記述したように，置局数の異なる地区の中から代表的なエリアの分析結果を紹介する。

　まず地上波テレビ局への好意度（民放のみ選択層，NHK 選択層）が全体としてどのように変化しているのかを確認した。都市圏では関東地区 ①，関西地区 ②，ローカル地区では，北海道 ③，福岡県 ④，静岡県 ⑤，広島県 ⑥，鹿児島県 ⑦，青森県 ⑧，福井県 ⑨を取り上げ，時系列グラフで表した。関東地区 ①では，男女差は少なく，むしろテレビ局好意層間での差が大きく「民放のみ選択層」で約 6 割，「NHK 選択層」で約 4 割と 2 割程度の差が存在した。しかし，時系列的には大きな変化はなく比較的安定して推移していた。関西地区においてもほぼ同様の結果が見られた（図 4-1）。

　ローカル地区では，北海道③，福岡県④については，都市圏と同様に「民放のみ選択層」と「NHK 選択層」に差が見受けられたが，4 局地区から 2 局地区まで民放局数が少ない地区においては，両者の差は縮まっていることがわかる（図 4-2）。

　「民放のみ選択層」の地域による違いを改めて分析すると，民放置局数が多い地区ほど選択される民放局数は多くなる傾向にある（図 4-3）。民放局数が 2 局の地区に比べて，4 局地区では男女ともに選択数がおよそ 1.4 倍，6 局地区ではおよそ 1.6 倍である。

　一方で，民放置局数別に好きな民放局の選択数の時系列変化を見ると，いず

れも 2002 年から 2016 年までの 15 年間でほとんど変動していないことがわかった。このことは，この 15 年間民放地上波テレビに対する好意度が薄まっていないことを示しているともいえよう。

その結果として，地上波テレビの置局数が多い地区ほど，好意度で「民放のみ選択層」の割合が「NHK 選択層」の割合を引き離して差を拡大する傾向が見られた（特に 5 局地区以上になると差が大きくみられた）。これはチャンネル数が増え，テレビ視聴の選択肢が増えることにより，自分の好みに合う局に接する機会が増え，その結果好きなテレビ局として民放局の選択層が増えるた

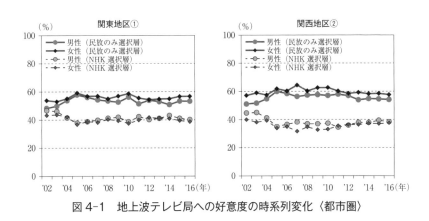

図 4-1　地上波テレビ局への好意度の時系列変化〈都市圏〉

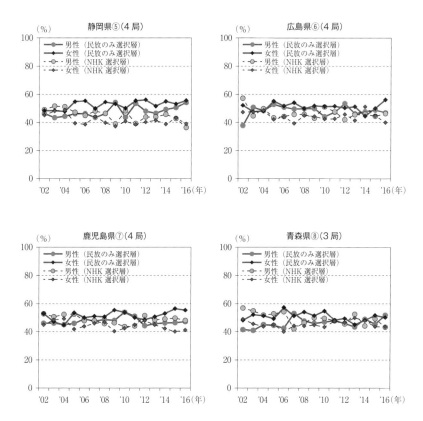

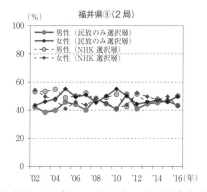

図 4-2 地上波テレビ局への好意度の時系列変化〈ローカル〉

第4章 ベイズ型コウホートモデルによるメディア意識・行動の変化構造の分析 95

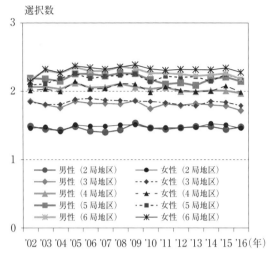

図4-3 民放局数別好きなテレビ局選択数の時系列変化
（民放のみ選択層）

めであろうと考えられる。

2-2 関東地区のコウホート分析結果
〜地上波テレビ局「民放のみ選択層」と「NHK選択層」好意度の変化の構造

まずは，関東地区のコウホート分析の結果を見てみよう。

◘ 「民放のみ選択層」の好意度の変化の構造

図3-4〈関東地区〉上段を見ると，男女とも好意度の変化に与える3つの要因のうち「世代効果」の大きさが目立っている。それぞれの効果の大きさの目安となるレンジの値を男女別に見ると，「時代効果」は男性0.58，女性0.39，「年齢効果」は男性0.99，女性1.49，「世代効果」は男性2.39，女性1.89で男女ともに「世代効果」がもっとも大きかった。このことは民放テレビへの好意度を決める上で世代要因（子どもの頃何を見たかなど）が大きく影響していることを意味している。分析対象の中で最も古い世代である昭和7〜11年生れの世代

において男女とも「民放のみ選択層」は最低である。この世代はテレビ放送が始まった1953年には17〜21歳ですでに「子ども」ではない。NHKに比べて娯楽中心の民放テレビに対する親近感は低いのかもしれない。この世代よりも旧い世代においてはより低いであろうことが推測できる。

　一方，後続の世代は新しい世代になるほど急激に「民放のみ選択層」は高まる。ピークは女性では昭和42〜46年生まれ，男性では昭和47〜51年生まれであり，それ以降は高止まりかむしろやや下降線を描く。昭和42年にはカラーテレビ受像機の全国世帯普及率はいまだ1.6％であったが，白黒テレビは96.2％に達しており，51年にはカラーテレビ受像機が93.7％，白黒テレビ受像機が42.2％となる。（対象は全国2人以上世帯，経済企画庁（現内閣府）調査）つまりこの時期にお茶の間のテレビは白黒からカラーに置き換わったのである。関東地区では，すでに昭和39年に開局していた日本科学技術振興財団テレビ局（通称東京12チャンネル，現テレビ東京）がCM放送を始めるなど徐々に経営が軌道に乗り始めたため民放5局（NHK総合を加えて6局）で放送局どうしが激しく視聴率を競い合うようになりつつある時期でもあった。

　「年齢効果」では，緩やかであるが男女ともに若年層の方がプラスでとくに10代後半と20代からの支持が読み取れる。2002年〜16年を通して若い人から好意を持たれてきたことがわかるが，これは後述の「NHK選択層」の結果と対照的である。

　「時代効果」は，2005年以降やや緩やかな下降が認められるものの落ち幅は微細である。

　なお，分析結果表示の際，「時代効果」は西暦で表記しているが，「世代効果」は各世代をイメージしやすいよう和暦にした。

② 「NHK選択層」の好意度の変化の構造

　「NHK選択層」については，図4-4〈関東地区〉下段の通り，男女とも「コウホート効果」の大きさが目立つ。NHKに対する好意度に与える「世代効果」は分析対象とした世代の中で最も旧い昭和7〜11年生まれの世代で最大で世代

が新しくなるほど低下する。女性は昭和40年代，男性は昭和50年代生まれで底を打って下げ止まり，やや持ち直す気配もある。

「時代効果」は微増。「年齢効果」では，やはり男女とも高齢層で高く，若年層で低い。

3効果を通して「NHK選択層」の結果は，民放のみの結果のちょうど逆の動きになっていることがわかる。今回の研究を行うに当たって，「民放のみ選択層」の比率と「NHKのみ選択層」の比率の動向を分析すべきと考えたが，「NHKのみ選択層」の度数がきわめて少なく分析に耐えられないため「NHK選択層」（地上波民放局は選択してもしなくてもよい）で代用することにした。そのため，「民放のみ選択層」と「NHK選択層」は論理的に背反の関係にあるため，「NHK選択層」の分析結果が「民放のみ選択層」の裏返しになることは予想できたが，計算手続き上，完全に従属するものではないので本稿では両方の分析結果を掲載することにした。結果は，多くの地区の分析結果が関東と同様になった。

|2-3| 9地区全体のコウホート分析全体からわかったこと

9地区における地上波「民放のみ選択層」と「NHK選択層」それぞれの時系列データについて男女別にコウホート分析を行った結果を総合すると，2002年以降の変動が少ないデータということもありいずれも「時代効果」は小さなものであったが，「年齢効果」と「コウホート効果」に関しては，地上波「民放のみ選択層」と「NHK選択層」の間で大きな違いが存在することが確認できた。そしてまた，地上波での「民放のみ選択層」，「NHK選択層」とそれぞれの中では9地区においてかなり共通する特徴が見出せた。また，男女差に関しては，北海道地区における「年齢効果」や「世代効果」などである程度の差が出たものの全体的には小さかった。

概して「民放のみ選択層」は「年齢効果」では若年層が高く，高齢層で低い。「世代効果」では，若い世代ほど効果がプラスになる地区があったものの多くの地区において昭和42〜46年生まれ世代（もしくはその前後の世代）でピー

98

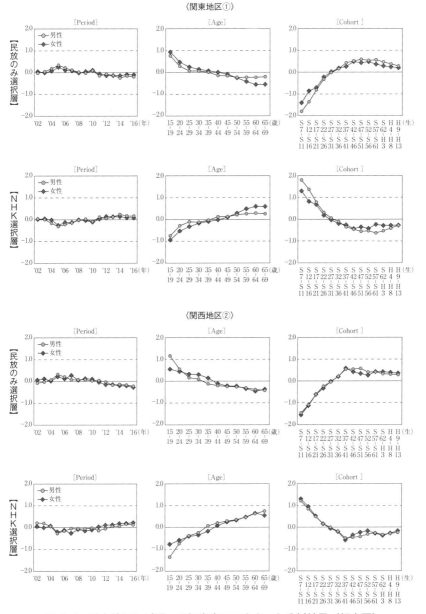

図 4-4　地上波テレビ局への好意度のコウホート分析結果〈都市圏〉

第4章　ベイズ型コウホートモデルによるメディア意識・行動の変化構造の分析

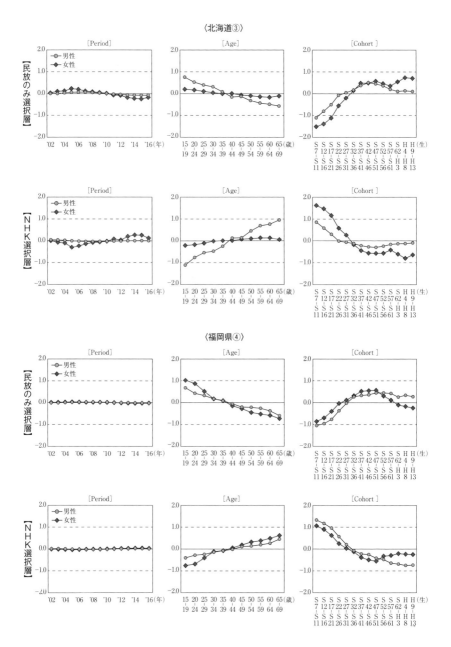

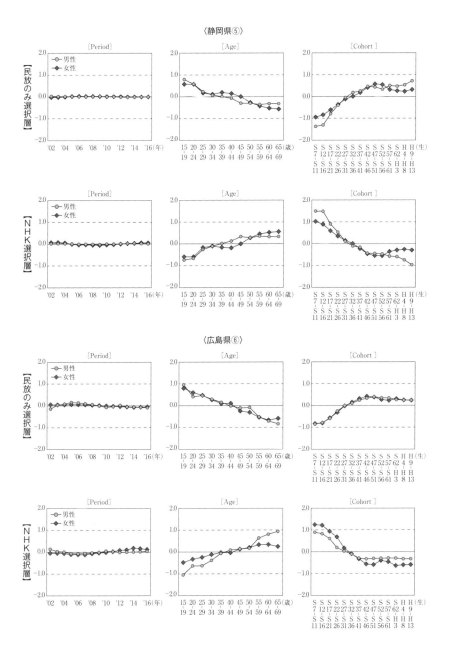

第4章 ベイズ型コウホートモデルによるメディア意識・行動の変化構造の分析　101

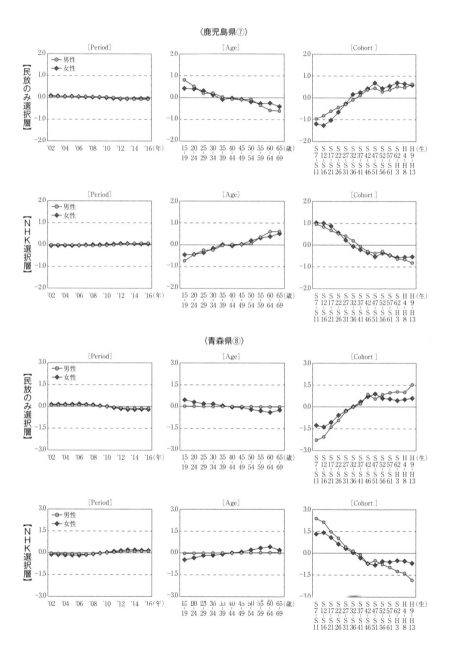

〈福井県⑨〉

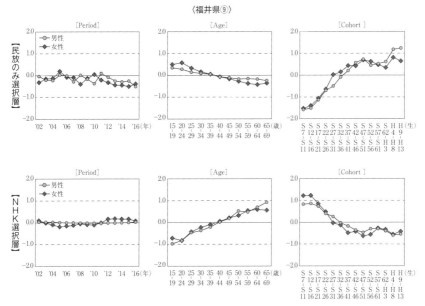

図4-5　地上波テレビ局への好意度のコウホート分析結果〈ローカル〉

クに達する傾向が見られた。そして，それ以降の世代ではそのレベルを維持するかもしくはやや下降する傾向も見られた。昭和42～46年生まれ世代は80年代から90年代前半にかけて，ライフステージ的に10代から20歳代前半の時を過ごしている。奇しくもこの時代は，音楽番組の全盛やマンザイブームを皮切りにしたお笑いタレントの台頭，学園ドラマ，刑事ドラマの人気に加えてトレンディドラマの隆盛，「ニュースステーション」などわかりやすいニュースの放送開始など，民放が活性化した時期でもある。この時期に多感な年ごろを過ごした彼らが「民放好き」になり，当時の記憶が「世代効果」として残存したのは当然かもしれない。そしてまた地上波民放テレビは，後続の世代に対してこの世代を超えるような「世代効果」を与えていないともいえるかもしれない。

一方，「NHK選択層」では，「年齢効果」は民放とは逆に，若年層で低く高齢層で高く，「世代効果」では分析対象世代中最も旧い戦中世代で最も高く昭

第4章　ベイズ型コウホートモデルによるメディア意識・行動の変化構造の分析　103

和42～46年生まれでもっとも低くなる傾向が見られた。ただ，「世代効果」については，それ以降の若い世代で下げ止まるもしくは反転する傾向が見られる地区もいくつか見られた。昨今のNHKの番組作りでは出演タレントや番組内容自体が民放に近づいているものもあることから，その影響が若い世代に影響を与え出している可能性もあるのではないだろうか。全体的に見てNHKに関しては民放ほど都道府県間の差異が見られなかった。

第3節 地上波テレビ，BS/CS放送，録画再生，インターネットへの接触状況の時系列変化の構造：補足分析

前節まで分析してきた地上波テレビ局への人びとの好意度に対しては，特に2000年以降はインターネットの拡大やBS/CS放送の普及など，さまざまなメディア環境の変化が少なからず影響を与えていると思われる。このような環境変化がどのような形で起こっているかを探るため，テレビ他，人びとのメディア環境の変化を継続的に調査しているビデオリサーチのMCR/exデータを用いて，地上波テレビを含む各種メディアへの接触や利用実態に着目した分析を行った。なおこの分析では，地域を2000年まで遡ることが可能な関東地区に限った。

自宅内でのテレビ接触（関東，週平均）に関して，地上波放送（民放，

表4-5　MCR/exの調査概要

調査エリア	東京50km圏ほか（関西・名古屋・北部九州・札幌・仙台・広島地区） ※1985年調査開始，1997年から毎年調査（2014年からエリア拡大，東京は30km圏から50kmに拡大）
調査対象	満12～69歳男女個人　※2013年まで10～69歳
有効サンプル数	全国7地区計約10,700人（東京50km圏約4,800人）
対象者抽出	ARS（エリア・ランダム・サンプリング）
調査方法	タブレット端末により電子調査票による調査 ※2013年まで質問紙調査票による留置き法
調査期間	1年間のパネル化（生活行動は6月）　※2013年までは毎年6月

NHK）ならびに，BS/CS 放送，録画再生が全体としてどのように変化しているのかを確認した。合わせてインターネットの接触（PC，モバイル）についても同様に確認した。

なお，このデータの示す接触度（週平均）とは，調査年の6月の1週間について各曜日において15分以上当該行為を行った人の割合を1週間平均（各日の有効サンプル数で加重平均）したものである。

3-1 地上波テレビ，BS/CS 放送，録画再生，インターネットへの接触状況の変化

関東における地上波テレビ，BS/CS 放送，録画再生およびインターネットへの接触度（自宅内・週平均）の時系列変化は図 4-6 の通りである。

地上波放送の接触度は民放も NHK も男性より女性の方が若干高く，2010年前後から民放，NHK ともにやや下降傾向にある。特に民放の方が下降幅は大きく，男女ともに8割弱の接触度があったものが男性で 20 ポイント，女性でその半分の 10 ポイント近くまで減少している。

BS／CS 放送については，男女ともほとんど差はなく 10％前後を増減しながら推移し，2010 年以降は微増し 12-3％のスコアとなっている。

録画再生については 2004 年ら 2012 年頃までの伸びが顕著である。内閣府の「消費動向調査」によるとレコーダーの全国世帯普及率（二人以上の世帯）は 2002 年 19.3％，2005 年 49.0％，2010 年 69.5％，2015 年 73.8％と急上昇している。男性より女性で接触度（＝利用率）が高く，2010 年には男性 12.4％，女性 16.1％だったものが 2012 年には男性が 18.5％，女性で 23.7％と一気に大きく伸びており以後頭打ちの傾向はあるものの，これまでの地上波放送のリアルタイムの接触の一部が録画再生に流れていることをうかがわせる結果（NHK よりむしろ民放でその影響は大きい）であった。

インターネットについては，全体として拡大傾向にあるものの，2010 年前後からパソコン（PC）での接触は上げ止まり，むしろモバイルでの接触が現在も拡大傾向にある。その傾向は男性より女性で強く，モバイルでの接触は

第4章　ベイズ型コウホートモデルによるメディア意識・行動の変化構造の分析　　105

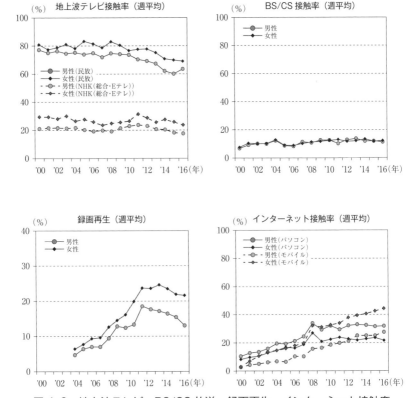

図 4-6 地上波テレビ・BS/CS 放送・録画再生・インターネット接触度
[自宅内・週平均] の時系列変化〈関東〉

50%近くまで迫っている。

3-2 コウホート分析の結果～地上波テレビ，BS/CS 放送，録画再生およびインターネット接触状況の変化の構造

　テレビ局への好意層に関する分析と同様に，地上波テレビ（民放，NHK）への接触度，BS/CS テレビへの接触度，録画再生およびインターネットへの接触度についてもコウホート分析を行った。結果，ほとんどにおいてコウホート分析での3効果「時代効果」「年齢効果」「世代効果」が変化要因として存在す

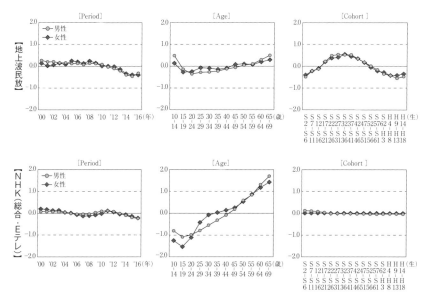

図 4-7　地上波テレビ接触度［自宅内・週平均］のコウホート分析結果〈関東〉

ることが確認された。

　地上波テレビについては，民放では男女に大差なく「時代効果」「年齢効果」「世代効果」のいずれも変化要因としての効果が存在した。(図 4-7)「時代効果」は 2010 年以降かなり下降傾向にあり，「年齢効果」は 10 代前半が最も高いものの以後大きく下降し，再び加齢と共に徐々に回復する傾向を見せた。「世代効果」も大きく，特に団塊世代から始まって昭和 22～41 年生まれまでの幅広い世代においてプラスになった。戦後さまざまな海外の文化が日本に入ってくる中，それまでのラジオを中心とする世代から，テレビの創世記にさまざまな情報（海外ドラマや音楽，スポーツなど）に接触した団塊世代から 70 年代～90 年代前半にかけてテレビ番組全盛時代に年少期を過ごした団塊ジュニア世代までを含む幅広い世代が，最も地上波民放テレビへ接触していたことがわかる結果であった。

　一方，NHK への接触度に関しては，特定な「世代効果」は存在せず，「時代

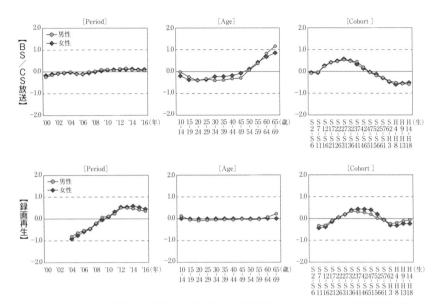

図 4-8 BS／CS 放送，録画再生［自宅内・週平均］のコウホート分析結果〈関東〉

効果」は微減傾向，そして「年齢効果」が接触要因として大きく効いていることがわかった。

　BS/CS 放送についてコウホート分析の結果をみると，「時代効果」は微増にとどまり，「年齢効果」と「世代効果」が要因の効果として存在することがわかる。2000 年に BS デジタル各局が開局しその後普及率を伸ばして現在は全国の 70％の世帯に普及している。この伸びは単純集計値の変化から確認できるが，コウホート分析においてはその変化は「年齢効果」と「世代効果」に吸収されてしまうようである。「年齢効果」では 50 代以降が加齢とともに急激に高くなる傾向にある。落ち着いた BS の番組がリタイアしたシニア世代に好まれることがよく指摘されるが，データはそのことを示している。また「世代効果」としては，地上波民放と重なる部分も維持しつつ若干それより年長にスライドした世代も含めてよく接触されているようである。

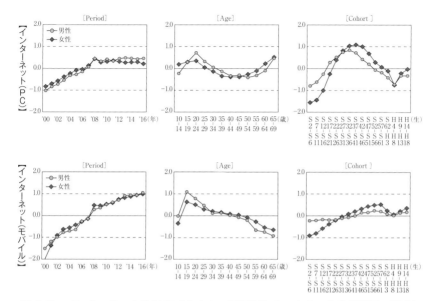

図 4-9　インターネット接触度［自宅内・週平均］のコウホート分析結果〈関東〉

　録画再生については,「年齢効果」は見られず,「時代効果」と「世代効果」が変化要因として存在した。「時代効果」は 2013 年まで急上昇している。2011 年 7 月のアナログ地上波停波前までの DVD を始めとするレコーダーなど録画再生機器の国内需要拡大時期と重なる結果であった。また「世代効果」については,地上波民放世代と若干その上の世代も含めて重なっている。テレビ好きなこの世代がテレビ視聴の一部に録画再生を最も積極的に取り込んだといえるのではないだろうか（図 4-8 下段）。

　インターネット接触度については,3 効果すべてにおいて変化要因としての効果が存在した。(図 4-9)「時代効果」はいうまでもなくインターネットが拡大していて世の中全体に接触が拡大したことを反映していると思われる。「年齢効果」は 10 代前半を除くとパソコン（PC）もモバイルも若年層ほど高く高齢層ほど低くなる傾向にあるものの,パソコン（PC）は高齢層で再び高くなる傾向が見られる。総務省の「通信利用動向調査」によると高齢者のインター

ネット利用率が年々増加して 2015 年の時点ですでに 60 代で 76.6％，70 代では 53.5％に達していることが報告されている。近年高齢者向けのパソコン講習会なども増加したことから，在宅時間が多い高齢者のパソコン（PC）利用が増えたことによる影響と思われる。自宅でもパソコン（PC）でインターネットをしている状況がうかがえる結果であった。

「世代効果」については，男性の場合は昭和 30 年生まれがピークでその前後昭和 17 年生まれから昭和 40 年代生まれまでが幅広くプラスの効果になっており，また女性は男性よりも 5 年程若い世代にスライドした形になっている。これらは職場にパソコン（PC）が導入され日常業務の中でパソコン（PC）操作を覚えて慣れ親しんだ世代であろう。モバイルの「世代効果」のピークは，パソコン（PC）よりもかなり若い昭和 62 年〜平成 3 年生まれ世代ぐらいである。また，パソコン（PC）もモバイルも平成 4〜8 年（1992〜96 年）生まれ世代が明確な谷間になっている。この世代は 2008 年のリーマンショックおよびそれに続く就職氷河期（有効求人倍率は 2009 年 0.47，翌年の 22 年に 0.52 と底であった）に中高生であった世代で，そのことが何か影響しているのだろうか。データをもっと精査する必要がある。

第 4 節　まとめと今後の展望

■　地上波民放テレビ局に対する好意度に時代的な変化はない

コウホート分析の結果を見ると，どの地区においても「時代効果」はきわめて小さい。元データに立ち返って見ても，2002 年から 2016 年にかけて，民放の置局数にかかわらず男女とも「民放のみ選択層」の割合に大きな変化がないのみならず選択した民放局数にも変化がないことがわかる。つまり，好きな民放局を複数選択可で選んでもらった限り，選択の幅が狭まることもまた薄まることもなかったのである。

② 昭和 42～46 年生まれ世代が民放局好意度のピーク

　昨今，若者のテレビ離れが叫ばれる中にあって，「民放のみ選択層」のコウホート分析が示す「世代効果」に着目すると，多くの地区において「70 年代後半～90 年代初頭までの民放テレビ局全盛の時代に多感な 10～20 代であった世代」において「世代効果」のピークがあることがわかった。そして，この世代は昭和 42～46 年生れを中心にした前後の世代である。この世代は今後も民放テレビにとって重要な「お客様」であると認識すべきで，この好意層を逃がさない番組作りが重要である。もちろんこの世代以外に，特に次のテレビ世代をどのように作っていくかも大きな課題といえる。

　一方で，「NHK 選択層」のコウホート分析からは「世代効果」として新しい世代でのプラス傾向の芽生えが見えた。このところの民放的要素を取り入れた新しい番組作りが，若い世代の NHK 視聴への牽引となり，新たな好意層として取り込みつつある可能性を示唆しているようで興味深い。

③ メディア接触度とテレビ局好意度のコウホート分析の分析結果は異なる

　関東地区の地上波テレビに関して，局への好意度とメディア接触度に関するそれぞれのコウホート分析では，結果が異なっていて興味深い。

　まず民放テレビ局に関して「年齢効果」は，好意度と接触度では逆の結果になっていて，好意度は若年層ほど高いが接触度は 10 代前半を除けば高齢層ほど高くなる。「世代効果」では，好意度のピークが昭和 42～46 年生まれ前後の世代からそれ以降の世代にかけて存在するのに対して，接触度は団塊の世代から昭和 37～41 年生まれの世代にありそれ以降の若い世代では落ちている。接触度は実態を反映しているものであろう。その一方で，視聴者の局に対する好意度が残っていることを大事にしたい。特に，接触が減っている若い層から好意「世代効果」は持たれているという事実は今後その理由や構造を分析する価値があるだろう。「世代効果」としても昭和 42～46 年生まれをコアにする民放ファンが存在することは注目できる。

　NHK の場合，「時代効果」については好意度で微増に対して接触度では微減，

「年齢効果」どちらも高齢層ほどプラスだが接触度の方が急勾配である。そして，「世代効果」に関して好意度は旧世代ほど高くなる一方で，接触度においては「世代効果」は存在しないという結果になった。

❹ 今後とも継続が望まれるデータの蓄積と分析

2000年以降伸長したメディアであるBS/CS放送への接触や録画再生の時系列データについてもコウホート分析を行った。結果，BS/CS放送への接触は高年齢および旧世代で高く，落ち着いたメディアとして定着しつつあることがうかがえた。一方で録画再生は，コウホート効果的に民放好き世代とのつながりも示唆された。

インターネットへの接触度については，まだ利用率そのものが大きく動いている段階での分析ではあったが，パソコン（PC）とモバイルとで明らかに異なる結果が見られた。コウホート効果と年齢効果では，テレビと違って男女差も見られた。これはインターネットが個人メディアであることの証左といえよう。ただし単純集計値の変化が大きく，これらの若い世代の動向を安定的に見るにはデータの蓄積と分析が必要であろう。

今回の一連の研究を通じて，コウホート分析（ベイズ型コウホートモデル）を継続データに適用して世代視点の分析を行うことの有効性と重要性が改めて確認できた。今後も継続的な調査とデータ蓄積の必要性・重要性を実感した。

| 引用・参考文献 |

磯野正典（2010）『地方分権とローカルテレビ局—データ放送による地域情報配信』文眞堂
伊豫田康弘・上滝徹也・田村穣生・野田人人・煤孫勇夫（1999）『テレビ史ハンドブック』自由国民社
大谷奈緒子（2010）「地上デジタル放送時代におけるローカル局の在り方」『東洋大学社会学部紀要』48巻2月，pp. 29-40
木村義子（2013）「メディア観の変化と"カスタマイズ視聴""つながり視聴"～『テレビ60年調査』から（2）」『放送研究と調査』63（7），NHK放送文化研究所，pp. 64-81
執行文子（2012）「若者のネット動画利用とテレビへの意識～『中高生の動画利用調査』の結果から～」『NHK放送文化研究所年報2012』pp. 51-95
鈴木暁・森本栄一（2010）「メディア環境の変化と生活者のメディア接触・意識の変化を探る」

『AD-STUDIES』Vol. 31，pp. 26-30

島崎哲彦・米倉律編著（2018）『新放送論』学文社

関谷道雄（2017）「"地域性"に回帰する民放ローカル局の可能性」『放送研究と調査』67（6），
pp. 76-96

森本栄一（2013）「コウホート分析で見たロングセラーブランドのターゲティング～世代特
性に着目して～」『Video Research Digest』No. 525，pp. 6-10

森本栄一・渡邊久哲・久野雅樹（2017）「テレビ局好意度に関する地域別コウホート分析」
日本マス・コミュニケーション学会『研究発表論文集』（日本マス・コミュニケーション
学会・2017 年度秋季研究発表会・研究発表論文：2017 年 10 月 28 日／成城大学）

中村隆（1982）「ベイズ型コウホート・モデル―標準コウホート表への適用」『統計数理研究
所彙報』29（2），pp. 77-97

―――（1989）「継続調査によって社会の変化を捉えるコウホート分析の方法」『理論と方
法』4（2），pp. 5-23

―――（2005）「コウホート分析における交互作用効果モデル再考」『統計数理』53（1），
pp. 103-132

ビデオリサーチ編（2013）『ビデオリサーチ創立 50 周年企画「視聴率」50 の物語―テレビの
歴史を創った 50 人が語る 50 の物語』小学館

―――（2013）『視聴率 50 年―TELEVISION RATINGS 50 YEARS』

渡辺久哲・森本栄一（2008a）「コウホート分析で見える団塊世代とテレビ」『調査情報』484 号，
pp. 18-21

―――（2008b）「コウホート分析で見えるアラフォー世代とテレビの親和性」『調査情報』
485 号，pp. 52-56

渡辺久哲・森本栄一・白石信子（2009）「継続調査データのコウホート分析によるメディア
利用・態度構造の要因分析」『マス・コミュニケーション研究』マス・コミュニケーショ
ン学会，No. 74，pp. 191-192

吉次由美（2009）「これからのテレビに期待されること～地域社会貢献への道～」『放送研究
と調査』59（9），pp. 26-37

Akaike, H.（1973）Information theory and an extension of the maximum likelihood princi-
ple. *In 2nd Inter. Simp. on Information Theory*, edited by B. N. Petrov and F. Csaki. Bu-
dapest: Akademia Kiado.

―――（1980）Likelihood and Bayes procedure, pp. 143-166 in *Baysian Statistics*, edited
by J. M. Bernaldo, M. H. DeGroot, D. V. Lindly. and A. F. M. Smoth, Valnecia; University
Press.

Glenn, N. D.（1977）*Cohort Analysis*, Sage Publications Beverly Hills and London.（藤田英
典訳（1984）『コーホート分析法』朝倉書店）

Mason, W. M. and S. E. Fienberg（eds.）（1985）*Cohort Analysis in Social Research*, New
York, Springer-Verlag.

Mason, K. O., Winsborough, H. H., Mason, W. K. and W. K. Poole（1973）Some methodologi-
cal issues in cohort analysis of archival data, *American Sociological Review*, 38, pp. 242-
248.

Nakamura, T. (1986) Bayesian cohort models for general cohort table analyses, *Annals of the Institute of Statistical Mathematics*, 38 (2, B), pp. 353-370.

Pullum, T. W. (1978) Parameterizing Age, Period, and Cohort Effects: an Application to U.S. Delinquency Rates, 1964-1973: In *Sociological Methodology* 1978, edited by K. F. Schuessler, San Francisco, Jossey-Bass.

第**5**章

メディア情報と利用者行動：
テレビ広告の事例

春日　教測／阿萬　弘行／森保　洋

第1節　はじめに

　人びとは普段，新聞やテレビなどのマス・メディアを通じて多くの情報を受け取っており，意識的か否かを問わず大きな影響を受けている。特に，支持政党や投票行動など政治に与える影響と，株価や売上高など市場に与える影響については研究者の関心も高く，その効果を測定する試みが行われてきている。そうした研究動向の一端については客員研究員会でも検討しており，春日・阿萬・森保（2014）では後者の観点から，日本市場のデータを用いた実証結果を報告している。具体的には，テレビ報道が提供する企業情報が，東京証券取引所や新聞といった他の機関が提供する情報を制御した後でも追加的な情報を有しているか否かを検証し，株価変化率の絶対値および売買回転率に対して，統計的に有意な正の相関が観察されるとの結果を得ている。[1]

　メディア自身の観点からは，上記のように提供するコンテンツが利用者に与える影響に対して直接的な関心が向けられることが多い。換言すれば，新聞でいえば「記事」，テレビでいえば「番組」が人びとへ与える影響への関心であるが，もうひとつ，メディアが伝達する情報の重要な構成要素として「広告」

---

1) Aman, Kasuga and Moriyasu（2018）ではさらに，番組カテゴリー別の効果や報道から効果が発言するまでのラグ，株価スプレッドに与える影響等についても検証している。

がある。メディア自身もその重要性に鑑み自主的な運用規定を定めており，新聞協会は新聞広告倫理綱領／新聞広告掲載基準を，民放連は放送基準の中に広告の責任や表現・時間等についての規定を設けている[2]。しかし一定の基準に沿った広告によって情報が伝達された後，人びとにどのような効果をもたらしているかはむしろ企業や市場の関心事項であり，マーケティングを中心とする分野で多様な研究が行われてきている。その研究成果は示唆的で興味深いものの，特定商品のキャンペーン広告効果を検証するものや，広告を「見た」ことが確実に検証できるターゲティング広告の企業売上への効果など，より直接的かつミクロ的な効果を追うものが多い印象を受ける。マス・メディアによって伝えられる広告が，広告を行う企業や商品に現時点では興味を持っていない消費者に対しても広く知名度・注目度を高める効果があり，有力な広告手段として存在感を高めているインターネットと使い分けられている状況を考えると[3]，一定の分断が見られることは否めない。

そこで本稿では，春日・阿萬・森保（2014）と類似の問題意識とデータ，分析方法により得られた結果の一部を示し，テレビ広告が利用者行動に与える影響について考察する。また本稿の後半では，対象を少し広げて，動画広告一般に関する利用者選好についてもあわせて検討することとしたい。

図5-1は，日本における媒体別広告費シェアの推移を示している[4]。現時点においてもテレビの広告費シェアが巷間指摘されるほど低下しておらず，インターネットのシェア増加が，テレビ以外のマス・メディアや屋外・交通・折込広告などセールス・プロモーション・メディアのシェア減少でほぼ相殺されている状況が，日本の広告市場の特徴になっている。このようにテレビ広告に対するニーズが依然として高い様子は国際的なデータでも裏付けられており[5]，日本

---

2) 民放連の放送基準では，全18章のうち3分の1にあたる6章分が割かれている。
3) 日経広告研究所『2017年版　広告動態調査』中の質問，「目標達成のために最も重視した媒体」に対する回答結果に基づいている。
4) データを集計・公表している電通が，2014年より「地上波テレビ＋衛星メディア関連」をテレビメディア広告費として示しているため，その方式に従い過去に遡及して集計表示している。
5) Zenith Advertising & Communications（2017）によれば，テレビ広告費シェアは，世界平均が35.5%，アメリカが35.7%であるのに対し，日本は40.3%となっている。

116

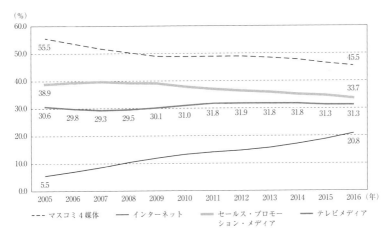

図 5-1　媒体別広告費シェアの推移

出典）電通『日本の広告費』各年版を基に作成

においてテレビ広告の効果を分析する意義は高いといえる。ただし将来的にはその傾向が続かないとする予測も多いため，本稿の後半では人びとの広告に対する選好とその効果についても若干の考察を加えたい。[6]

本稿の構成は以下の通りである。第2節では，「情報」の視点から見た広告について考察する。2-1で広告の役割や効果を需要面・供給面に分けて説明し，2-2では広告の注意喚起効果に着目した先行研究を概観する。第3節では，テレビ広告が株式市場に与える影響について実際のデータを用いた検証を行う。まず3-1で我々が用いるデータにおける記述統計量を確認した後，3-2で株式市場への影響に関する推計結果を報告する。さらに第4節では，動画広告に対する利用者選好について考察する。4-1において二面市場における料金設定の特徴について概観し，広告回避行動がもたらす効果について確認した後，4-2では，動画広告で用いられる異なる種類の広告に対する利用者選好に関する推

[6) Dentsu Aegis Network（2018）によると，媒体別の広告費シェアは，テレビが2016年の38.3％（実績）から，2017年に36.7％，2018年に35.5％と漸減していくことが予測されている。なお出典が異なる資料の数値は，項目ごとの定義が微妙に異なっているため，直接比較することができない点に注意が必要である。

第5章　メディア情報と利用者行動　117

計結果を検討する。最後に，まとめと今後の展望を行う。

第2節 「情報」の視点から見た広告

|2-1| 需要面・供給面から見た広告

　本節では Dukes（2015）を利用して，需要面・供給面から，テレビ広告を含む広告全般を行う動機やメディアの役割について整理する。

　まず広告に対する需要面から見ておこう。特定の財・サービスに対し，消費者が品質判断をできるか否か，またそのタイミングはいつか，という視点でとらえると，購入前から判断可能な ① 探索財（search goods），購入して初めて判断可能となる ② 経験財（experience goods），購入後も判断不能な ③ 信用財（credible goods），に大別できる[7]。① はテレビ，パソコン，自動車や住宅など多くの耐久消費財が当てはまり，カタログを見たり店頭に行って商品に触れたりすることで品質が判断できる財を指す。また ② は，食品や飲料に加え，映画・ゲームソフト・音楽・書籍など多くの情報財が当てはまる。Dukes はこれをさらに，より購入頻度が高く低価格な最寄り品（convenience goods）と，比較的高価で計画的な購買が行われる買い回り品（shopping goods）に分類している。③ は自動車修理サービスや企業コンサルティングなどのように，実際の成果が当該サービスに起因しているか判断しにくいものが該当する。

　一方，広告の役割は，情報提供機能と説得機能に大別される。消費者に財・サービスの機能に関する情報を提供し，合理的な選択を可能にする役割が情報提供機能であり，① の探索財の購買に関して有効な役割を果たしていると考えられる。また説得機能では，自社の財・サービスに対する広告へ十分な支出を行うこと自体が高品質とのシグナルを発することになる，との説明がなされる（Nelson, 1970）。つまり，高品質な財・サービスを生産する企業ほど「消費

7）これらは概念上の区分であり，ひとつの財で両方の性質を有することもあるため，いずれかのカテゴリーに明確に分類できる訳ではない。また論者によって分類が異なることもある。

者はいったん自社製品を購入すれば，再度自社製品を購入してくれる」との自信を有しているため，広告に支出するインセンティブが高いとの予想を消費者が抱くことになる。この場合，広告の内容やメッセージが意味を持つ必要性が乏しくなり，企業イメージを高める広告が多く行われることも理解しやすい。

2016年のマスコミ4媒体に対する業種別広告費を見ると，1位から順に，化粧品・トイレタリー（構成比10.6%），情報・通信（同10.4%），食品（同10.2%），交通・レジャー（同7.6%），飲料・嗜好品（同6.7%）となっており，日本市場ではこれらの業種で広告需要が高い様子がうかがえる。ただし上位3業種は前年比で増加しているものの他2業種は低下しており，業種別の好不況にも大きく左右される状況が分かる。

他方，供給側の視点からメディアが広告提供のプラットフォーム（基盤）として機能するとする考え方は，Rochet and Tirole（2003）やArmstrong（2006）等による「二面市場」の概念が浸透するにつれて広く認識されてきた。Dukes（2015）では，メディアが広告主企業のために「情報」の観点から留意すべき大切な機能として，（a）視聴者の注意を惹くこと，（b）明確なターゲティング，（c）広告主を目立たなくし信頼できる筋からの情報であるように思わせること（ステルス），を挙げている。

このうち（b）では，有望な潜在的顧客に対して広告を効率的に届けるために，市場を細分化しどのグループを目標にするかを明確にする必要があると説く。この点マス・メディアは，インターネットと比較した場合，企業や商品への知名度・認知度を高めるような幅広い層への情報伝達力に優れてはいるものの，対象広告を必ずしも必要としていない層へも届けてしまうことでミスマッチが発生する可能性が高い。[8]　そのため，消費者の広告回避行動が相対的に高くなるという負の側面もあるため，読者の嗜好をアンケートやSNS等の情報を基に情報収集することの大切さが説かれる。また（c）では，Edelman and Gilchrist

---

8）ターゲティングが容易だとされるインターネット広告においても，ミスマッチの問題は無縁ではない。例えばgoogleは，独自のガイドラインを設け，違反する広告に対してはChromeに広告ブロック機能を付ける対策を行っている。（WIRED, 18.02.22）（URL: https://wired.jp/2018/02/22/google-chrome-ad-blocker/，2018年2月25日閲覧）

(2012) の研究成果が興味深い。彼らは検索エンジンの広告を利用して，「スポンサーリンク（sponsored links）」または「広告（Ads）」と書かれたものと，「有料広告（aid advertisement）」と書かれた場合を比較し，それぞれ 25％，27％クリック数が少なくなるとの結果を報告しており，広告の目的・背景が明確になることで，いかに訴求力が低下するかを知ることができる。また，ドラマや情報番組中に小道具や背景として実在の企業名や商品を登場させるプロダクト・プレースメントや，ウェブページの口コミ情報を利用することの是非等についても言及されている。

　本稿で注目したいのは，(a) の「視聴者の注意を惹く」ことに関する議論であるが，視聴者の注意を喚起することで行動にどのような影響を与えているかという積極的な視点と，逆に視聴者に負の感情を与え回避される可能性がどの程度あるかという消極的な視点の，2 種類のとらえ方がありうる。前者を 2-2 および 3 節で，後者を 4 節で検討していくこととする。

|2-2| 広告の注意喚起効果

　企業は多額の資金を費やして，消費市場における新商品認知度やブランドイメージを向上させるために広告を利用し，直接的には自社製品の売上を高めようとする。同時に，副次的な効果として，投資家の注意を喚起し，それが株式市場での取引につながる可能性がある。ファイナンス分野の先行研究では，投資家の制約された注意力（limited attention）が取引に影響を与えることが示されてきているが，膨大な数にのぼる株式銘柄把握の困難さや投資判断のための時間的・能力的制約の存在から，このような効果は，特に個人投資家において顕著にあらわれると予想される。

　Barber and Odean（2008）は，企業が公表する業績に関し，極端に高い場合など注目を集めやすいニュースが個人投資家の買い注文を増加させる，との議論を展開している。同様の視点から，新聞報道データを用いて投資家の注意を惹きつける効果が株価や取引高に与える影響を検証した研究に，Huberman and Regev（2001）や Engelberg and Parsons（2011）がある。

このような研究と比較した場合，広告は，企業の財務情報やリスクなどファンダメンタルズに関する情報を直接的に伝えている訳ではない。しかし波及効果として，広告が何らかの企業情報のシグナルとなる効果や，より単純に企業名の認知度向上効果，もしくはその両方の効果によって，投資家の株式への注意を喚起する効果を持つ可能性がある。

　例えば広告支出が株式市場に与える影響として，Grullon, Kanatas and Weston (2004) は，広告支出額と市場流動性を示すいくつかの指標との関係を検証し，正の相関が観察されるとの結果を報告している。また Lou (2014) も同様の視点から，個別企業の株価上昇や買い注文の増加が短期的に発生するとの結果を報告し，広告費の増減により経営者の機会主義的な行動が可能であることを指摘している。またイベントスタディを用いた研究として，Bobinski and Ramirez (1994) は，企業の財務関連広告がウォールストリート・ジャーナルに掲載されることによって，市場における小規模企業の株式取引高を短期的には高めるが長続きしないこと，株価に与える影響はほとんど観察されないこと，を指摘している。さらに Fehle, Tsyplakov and Zdorovtsov (2005) は，NFL（全米プロ・フットボール・リーグ）の優勝決定戦である Super Bowl 中に放送されたテレビ広告が，短期的な株価を高め，取引量を増加させるとの結果を提示している。

　先述のように広告は，主として価格や品質等の製品特性に関する情報を伝達することが主目的であるものと，特定製品に関する情報は含まれておらず全体的な企業イメージの向上を目的とするものに分類されるが，特に後者については，投資家はよく知っている資産を好むという研究結果も報告されている。金融商品への投資に関して，個人投資家・機関投資家を問わず国内金融商品への投資割合が6～7割を占めるというホーム・バイアス（Home bias）の存在が指摘されているが，類似した効果だと考えることができよう。

　例えば Frieder and Subrahmanyam (2005) は，機関投資家が所有する株式がブランドの露出と負の相関を有するとの結果を提示し，個人投資家がより親しんでいるブランドを有する企業の株式を保有する傾向があることを主張している。また Billett, Jiang and Rego (2014) は，有名ブランドに関連する株式は，

無名企業に比べて時価・簿価比率（market-to-book ratio）が高い傾向があることを報告している。

第3節 テレビ広告と株式市場との関係

|3-1| 利用データと変数

ここでは，我々が利用したデータと変数の作成方法について説明する[9]。

まずテレビ広告については，金融関連企業を除く東証一部上場銘柄で，かつ年間に最低一回の CM 放送があったものについて，2010 年 1 月から 2011 年 12 月までの 2 年間にテレビでオンエアされたものを対象とする。利用したデータベースは，（株）エム・データ社が提供している東京キー 5 局が放送したテレビ広告について，提供企業や起用タレント，放送時間帯等の概要をテキスト形式でまとめたものである。一般にテレビ放送は，新聞・雑誌・インターネット等と異なり，過去に放送された内容についての記録を得ることが通常困難なこともあり，先行研究は大変限られている[10]。

表5-1 は，対象期間内に放送されたテレビ広告の回数をカウントし，製品分類別に上位から並べたものである。どのメディアに重点的に投資するか，またどの時間帯に投資するかは産業・企業によって異なっており，それによって必要となる費用額も異なるため，先述の広告費シェアとは必ずしも一致していないが，テレビ広告によってどのような製品が多く PR されているかを知ることができる。結果的に，363 企業，のべ約 136 万回のサンプルが抽出された。

また表5-2 は，推計に利用した変数の作成方法を記している。これらの変数を推計に用いた意図について簡単に説明しておこう。

被説明変数として，売買回転率を用意した。これは，流通市場の規模や活発

9）本節で紹介する分析結果は，Aman, Kasuga and Moriyasu（2015）の一部を利用している。

10）YouTube 等の動画も，検索はタグ付けされたテキストデータで行われており，少なくとも現時点では動画中に含まれる情報を直接分析するにはかなりの工夫が必要である。

表 5-1　製品分類別テレビ広告放送回数（2010，2011 年）

製品分類	頻度	%	製品分類	頻度	%
飲料・酒類	155,762	11.44	家庭用品・インテリア	31,453	2.31
家電	153,826	11.30	運搬	27,910	2.05
食品・菓子	140,178	10.30	石油・タイヤ	11,708	0.86
車両	138,163	10.15	電気・機械	8,329	0.61
衛生医薬品	135,064	9.92	スポーツ用品	6,300	0.46
流通	132,020	9.70	カメラ・時計	4,559	0.33
化粧品	86,140	6.33	タバコ	3,134	0.23
通信	72,135	5.30	服飾	1,867	0.14
洗剤・入浴剤	45,055	3.31	金融・保険	305	0.02
ロードショー	38,902	2.86	通信販売直販	129	0.01
玩具・文房具	36,986	2.72	その他	94,544	6.95
不動産	36,556	2.69	—	—	—
			Total	1,361,025	100

出典）㈱エム・データ社提供によるテレビ広告データより作成

表 5-2　変数の定義

変数名	作成方法
売買回転率	取引高÷発行済み株式総数
テレビ広告	期間中に放送された日次（または週次）のテレビ広告数の総数
相対テレビ広告	日次（または週次）テレビ広告数÷年間テレビ広告総数
超過リターン	該当企業株のリターン－平均市場リターン（％）
ディスクロージャー	東京証券取引所が公表する企業ディクロージャーの回数
新聞	新聞記事に企業名が掲載された回数
企業規模	発行済み株式総数×株価（終値）（百万円）
市場取引規模	東証一部上場企業の平均売買回転率

出典）筆者作成

　さを表す重要な指標としての売買高を上場株式数で除すことにより，上場株式数の多寡による影響を補正したもので，市場取引が活性化すると増加する変数である。

　説明変数としては，我々が最も注目したい変数として，企業ごとのテレビ広

表 5-3　記述統計量

変数名	平均	標準偏差	最小値	第一四分位	中央地	第三四分位	最大値
売買回転率	0.0040	0.0085	0.0000	0.0012	0.0025	0.0045	0.8832
テレビ広告	8.2327	24.6433	0	0	0	4	673
相対テレビ広告	0.0041	0.0191	0.0000	0.0000	0.0000	0.0033	1.0000
超過リターン	0.0350	1.6949	− 31.5002	− 0.8102	− 0.0265	0.8095	38.2846
ディスクロージャー	0.1015	0.4454	0	0	0	0	21
新聞	0.5065	1.3112	0	0	0	1	67
企業規模	469171	1022535	2079	40190	110325	443741	14500000
市場取引規模	0.0052	0.0013	0.0022	0.0043	0.0049	0.0057	0.0151

出典）筆者作成

告放送回数を用意した。ただし広告は企業業績等のファンダメンタルズに関する追加的情報を提供するものではなく，日常的に提供される傾向にあるため，放送のたびに反応があるという性質のものではないことが予想される。そのため，相対テレビ広告という，年間平均に比べて相対的に多く放送された時期の影響を見る変数も用意することとした。

　さらにこれらの広告変数を制御する他の情報変数として，東京証券取引所によるディスクロージャー回数[11]および新聞の報道回数[12]についても用意した。また，企業や市場の規模に関する影響を制御するための変数も2種類用意している。推計に当たっては日次データを用いた推計を実施し，さらに過去の影響を判断するため t-1 で表される1期前の変数を用意してその影響についても考察している。これら変数の記述統計量を記したのが，表5-3である。

|3-2| 推計結果

　以上のような問題意識に沿って，被説明変数を売買回転率として，日次デー

11）東京証券取引所の運営する適時開示情報伝達システム（Timely Disclosure Network）を利用している。
12）企業情報に関する情報が多く掲載される日本経済新聞社が発行する3誌（日本経済新聞・日経産業新聞・日経流通新聞）を対象としている。

タを用いた推計を行った結果を縦方向に示したものが表5-4に示されている。ここで（1）は前項で説明した変数すべてを用いて推計した結果を，（2）はテレビ広告の過去の影響を見るために1期前の変数を用いて行った推計結果を示している。ただし（2）では，おおむね同様の傾向を示したテレビ広告変数の結果を省略して表示している。

表5-4　回帰分析結果

	(1)		(2)
テレビ広告	−0.0897	テレビ広告	−0.0996
	[−1.37]		[−1.50]
相対テレビ広告	0.1885	テレビ広告（t-1）	−0.0013
	[2.59]***		[−0.02]
ディスクロージャー	0.123	相対テレビ広告	0.1676
	[21.33]***		[2.36]**
新聞記事	0.0288	相対テレビ広告（t-1）	0.1367
	[7.08]***		[2.27]**
超過リターン（t-1）	0.0059		
	[5.71]***		
超過リターンの絶対値（t-1）	0.0073		
	[3.04]***		
企業規模（対数値）	0.1299		
	[1.52]		
市場取引規模（対数値）	0.5759		
	[41.45]***		
売買回転率（t-1）（対数値）	0.5648		
	[39.19]***		
定数項	−3.1812	定数項	−3.1768
	[−1.44]		[−1.44]
R^2	0.752		0.438
F値	789.50***		756.80***
サンプル数	162510		162478

（注）***は1％水準で，**は5％水準で，*は10％水準で有意であることをそれぞれ意味している。
　　　また括弧内の数値はt値を表し，クラスター頑健標準誤差をもとに算出している。

（1）を見ると，企業規模は10％水準で見てわずかに有意ではないものの，他の変数は売買回転率に対して有意に正の影響を与えており，概ね予想と整合的な結果を示している。テレビ広告についても，放送回数自体は有意な影響を及ぼしていないものの，相対的に多く放送された時期には売買回転率と正の相関を有しており，投資家認知度効果と整合的な結果を示していると考えられる。春日・阿萬・森保（2014）では，テレビで企業名が放送された回数そのものが強い有意性を示していたことをあわせて考えると，結果の相違は広告が提供する情報の性質が異なることを示しているといえ，興味深い。また日次で1期前のテレビ広告の影響を見た（2）でも，相対テレビ広告のみ双方とも有意となっており，ほぼ同様の結果を示している

　（株）エム・データ社が提供しているデータには，放送されたテレビ広告ごとに「商品名」の欄があり，特定商品の販売促進用か否かを区別できるようになっている。これを説明変数として利用し，商品広告と企業イメージ広告が売買回転率に与える影響を推計した結果が表5-5に示されている。先ほどと同様，その他変数も制御した推計を行っているが，注目すべき変数以外は省略して表示している。

表5-5　企業イメージ広告と商品広告に関する推計結果

	(1)	(2)
テレビ広告（企業イメージ）	0.0188	
	[0.03]	
テレビ広告（特定商品）	− 0.0532	
	[− 0.88]	
相対テレビ広告（企業イメージ）		− 0.0071
		[− 0.09]
相対テレビ広告（特定商品）		0.3924
		[3.55]***
R^2	0.752	0.752
F 値	789.00***	794.90***

（注）記号の意味は表1-4と同様。

表 5-6　個人投資家比率別の推計結果

	第1四分位	第2四分位	第3四分位	第4四分位
テレビ広告	0.0733	0.1061	− 0.1475	0.4023
	[0.84]	[1.43]	[− 1.10]	[1.40]
相対テレビ広告	0.0844	− 0.0935	0.3738	0.3467
	[0.72]	[− 1.06]	[1.99]**	[2.32]**
R^2	0.724	0.700	0.681	0.675
F 値	448.77***	441.13***	247.51***	274.65***
サンプル数	40400	40203	40313	40192

(注) 記号の意味は表1-4, 表1-5と同様。個人株主比率による計測。

　表5-5の推計結果（1）で見られるように，表5-4と同様，テレビ広告回数自体の売買回転率に対する影響は観測されない。しかし（2）のように，相対テレビ広告にすると，特定商品のケースのみ有意に正の影響を示しており，これは2-1で説明した広告の情報提供効果と整合的な結果を示しているといえる。企業イメージ広告に比べてより短期的な効果を目的とするこの種の広告の場合，投資家の注意を喚起する効果もあるものと考えられる。

　さらに表5-6は，テレビ広告を出稿している企業の個人投資家比率別に見た推計結果（同様に他変数の結果は省略している）であるが，個人投資家比率の低い第1・第2四分位では非有意であり，係数の値自体も小さい。しかし第3・第4四分位のように個人投資家比率が高くなると，相対テレビ広告のみ有意性を示している。結果は割愛するが，企業規模別にみた場合も同様に小規模企業に対する有意性が高い傾向にあり，テレビ広告が広く一般の個人投資家に対して注意喚起効果を有していると考えることができる。

　以上のように，テレビ広告が投資家に対する注意喚起効果を有し，株式市場に対する影響を与えているという我々の仮説が支持されたということができる。

第4節 動画広告に対する利用者選好

|4-1| 二面市場における料金設定

　2-1の最後で，メディアの供給側の視点から「視聴者の注意を惹く」ことが大切であることを指摘したが，論点のひとつとして，人びとは広告に対してどのような選好を有しているか，という問題がある。2-1で触れたDukes（2015）においても，(a)「視聴者の注意を惹く」部分では広告回避の問題に多くの紙幅が割かれており，避けて通れない課題となっている。この議論は放送局をはじめとする二面市場に直面する企業体の収益構造とも大きく関連しているため，本節ではまず，二面市場に直面する企業の料金設定行動について確認しておこう。ここではモデルの具体的な導出は避け，以下の議論に関係する直観的な説明にとどめたい。[13]

　一般に放送局は，視聴者に対して番組提供を行う市場と，広告主に対して広告枠を提供する市場という，2つの市場に直面している。新聞や雑誌など他のメディア，Yahoo! JapanやGoogle等の検索サイトもほぼ同様の構造を有しており，VISAやAMEX等のクレジットカード会社なども，カード利用者と加盟店舗という2つの市場を繋ぐ役割を果たしている。このように，複数の利用者を仲介し，両者のマッチングを行う役割を果たしている基盤を提供する企業は「プラットフォーム」と呼ばれ，単一市場のみの場合と比較して少なくとも2つの点で異なる特徴を有している。第一に，個別の市場それぞれで利潤最大化を達成する必要は必ずしもなく，両市場の結合利潤を最大化すれば良い点が挙げられる。したがって，プラットフォームを提供している企業は両市場の価格設定を調整することで，より柔軟な料金設定が可能となる。第二に，一方の市場参加者にとってのプラットフォームの利用価値が他方の市場参加者数に依存しており，他方の市場参加者数の増加とともに自らか参加するプラットフォ

---

13) 数式を用いたモデルの設定と結果については，例えば丸山（2017）が簡潔で分かりやすい。

ームの利用価値も高まる点である。具体的には，視聴者は広告市場に参加する企業が多くなるほど購買対象となる財・サービスに対する情報提供をより多く受けることが可能となるし，逆に広告提供企業は，放送局の番組視聴者が増加するほど自社製品の広告をより多くの潜在的消費者に対して届けることが可能となる。このような効果は「間接ネットワーク効果」と呼ばれ，放送局の場合は両者が正の相乗効果をもたらす可能性が高いため，このような効果を考慮した価格設定を行うことが望ましい。

　以上の設定の上で利潤最大化問題を解くと，単一市場のように価格と限界費用とが一致する点を基準とし，以下の2点を考慮した価格設定が最適であることが導かれる。

(1) 異なる利用者グループに対する正の外部効果分だけ，料金を割り引く

(2) プラットフォームの利用価値が増加するときに，参加者数が大きく増加するようなグループには，利用料金を低めに設定する

　地上波放送の場合，広告市場に比べて視聴者市場の参加者数が多く相対的な外部効果が大きいと考えられるため，視聴者料金を低く設定して参加者数を増加させ，間接ネットワーク効果によって広告主企業に対するプラットフォーム価値を高める価格設定を行うことが望ましい戦略になる。地上波放送やYahoo! Japan，Google，YouTube等のように，視聴者・利用者に無料でサービス提供をする戦略は，このような考え方から合理的な行動だと考えられる。

　広告の場合，多くの人目に触れる可能性があれば十分だとはいえず，「視聴者の注意を惹く」ための工夫が必要となる。特にテレビ広告の場合，秒単位の限られた時間の中に，印象に残るフレーズや映像，起用タレント等に知恵を絞る必要が生じる。その結果，我々が日常目にするような，バラエティに富んだテレビ広告が生まれることとなる。このようにして成立している企業広告は，産業面にとどまらず，もはやひとつの文化として成立している側面もある。

一方，視聴者にとっては番組を視聴することが主目的であるため，その間に挿入される広告は「やっかいなもの（nuisance）」と捉えられる可能性もある。この点について，ドイツの主要6雑誌に掲載された広告（1992～2004）に対する読者選好を推計した Kaiser and Song（2009）では，読者が広告を嫌うという証拠はほとんど見つからず，特に女性向け，ビジネス／政治，自動車等の分野の雑誌ではむしろ高く評価されているとの結果が報告されている。しかし Wilbur（2008）では，アメリカのデータをもとに，視聴者は広告を嫌う傾向があり，視聴率の高いテレビ・ネットワークが広告時間を10％減少すれば視聴者が約25％増加する，との推定結果が示されている。印刷メディアの広告は選別が容易であるが，テレビのように番組間に挿入された広告の選別が困難で，自分にとって興味の対象が異なる広告についても一定時間拘束される場合は，利用者に負の影響を与える可能性が高い。

　ただし先述のように，広告回避行動は，二面市場という収益構造を持つ放送局の特徴とあわせて考える必要がある。具体的にいうと，視聴者は，仮に広告を回避するならば，回避分に対する一定程度の金銭的補償を要求される可能性が生じる。そのような場合の視聴者の行動として，金銭補償をしてまで広告回避を望む視聴者は極端に減少することが分かっている。

　図5-2は，地上波放送において1回あたり3分の広告を除去するためにどのくらいの支払意思があるかを調査した結果を示しているが，[14] 80％以上が広告除去に対する支払意思額を「0円」と回答しており（1時間あたり4回の広告で約85.0％，8回で約82.5％），一定の支払意思を示した人々の平均支払意思額も，広告頻度によって大差なかった（1時間あたり4回の広告で約456.7円，8回で約465.4円）。この結果から，広告回避が有料化されるよりは，広告を視聴する方が望ましいと考える視聴者が依然として多い，との結果が読み取れる。

　以上のような「有料化によるテレビ広告回避」という選択肢を導入した場合

14）首都圏在住の18歳以上の男女を対象に行った「インターネット動画配信の利用状況に関する調査」を基に作成。2016年3月実施。㈱マクロミル社に依頼したインターネット調査で，回答者数は300名であった。

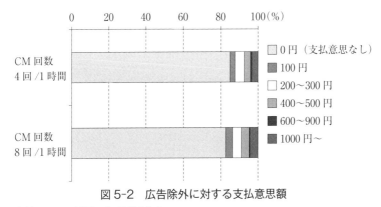

図 5-2　広告除外に対する支払意思額

出典）アンケート調査に基づき筆者作成

の効果を理論的に分析した研究として，Tåg (2009) がある。彼のモデルでは，メディア企業が有料による広告回避という選択肢を視聴者に提示する場合，有料化を選んだ視聴者から得られる直接的な収益と，その分減少する広告リーチに由来する広告収入の損失とを比較する状況が想定されている。この場合，広告を回避する選択肢がより魅力的になるように，メディア企業は広告量を増加することが予想されるため，広告回避を選択した視聴者の支払額はより高くなり，広告視聴を選択した視聴者はより多くの広告を見せられることになる。その結果，メディア企業や広告主企業の利益は増加するが，視聴者の経済厚生は損なわれる，との結果を導いている。[15]

　以上に加えて，録画機器の利用による広告スキップ問題も大きな問題として議論されてきており，ひとつの対応策として，番組放送後の一定期だけインターネットによって無料で視聴できる Tver に代表されるサービスの試みが行われてきている。幅広いリーチを誇るマス・メディアを利用して広告を提供することは大きな利点があるとともに，負の効果が発生することも一定程度避けら

---

15) このような選択肢の提案は，米 IT 系メディアの WIRED によって既に提案が実現している。広告をブロックする読者の増加を受け，広告のブロックを回避する（ホワイトリストに WIRED.com を追加する）か，週額1ドルの有料版に登録するかを選択しないと，コンテンツへのアクセスを制限されるようになっている。(ITmedia, 16.02.09) (URL: http://www.itmedia.co.jp/news/articles/1602/09/news057.html，2018年2月25日閲覧）

れない課題だといえ，このような視聴者とのギャップを埋める取り組みを進めていくかことが，より一層求められることとなろう。

|4-2| 異なる種類の動画広告に対する利用者選好

テレビ以外のインターネット配信において提供される動画広告には，種々の形態が登場してきている。春日・宍倉・中村（2016）では，動画広告について，広告量が与える影響，異なる種類の広告に対する視聴者選好，コンテンツ量の多寡による影響，という3つの角度から検討しているが，ここでは特に2つ目の論点についての結果を見ておこう[16]。

この分析においては，コンテンツの提供を途中で中断して広告を挿入するようなインストリーム型の広告と比較して，動画広告で用いられることの多い，コンテンツ提供の際に常時広告を提示するようなオーバーレイ型の広告が，利用者選択に対してどのような影響を与えているかを測定することとした。

具体的には，コンテンツを1カ月間利用し放題の動画配信サービスを想定し，表5-7に示した3属性ごとにいくつかの選択肢を用意した。この中から，2種類の広告の表示状況と価格をランダムに組み合わせた選択肢を3つ提示し，提示した中から1番望ましいと思うものと2番目に望ましいものを回答者に選択してもらう質問を，1人に対して5回繰り返して行った[17]

表5-7　順序選択における属性

属性1	オーバーレイ広告	あり・なし
属性2	インストリーム広告	0回（0分）・2回（6分）・4回（12分）・6回（18分）・8回（24分）
属性3	価格	0円・50円・100円・250円・500円・1000円

---

16) その他の結果については，春日・宍倉・中村（2016）を参照されたい。今回の推計結果について，快く引用を承諾くださった共著者の方々に感謝申し上げる。

17) 実際の質問では，広告の具体的な画像を提示して，回答者がイメージしやすい工夫をしている。首都圏在住の18歳以上の男女を対象に行った「広告に対する効用もしくは支払意思に関する調査」を基に作成。2016年8月実施。インターネット調査，調査会社：㈱クロスマーケティング社に依頼したインターネット調査で，回答者数1200であった。

表 5-8　順序ロジットと順序プロビットの推計結果

変数	順序ロジット			順序プロビット		
	係数	標準偏差	p 値	係数	標準偏差	p 値
定数項	1.16763***	0.05177	0.0000	0.72092***	0.13139	0.0000
オーバーレイ広告	− 0.35910***	0.03242	0.0000	− 0.21748***	0.00325	0.2185
インストリーム広告	− 0.11297***	0.00516	0.0000	− 0.06866***	0.00008	0.0000
価格	− 0.00020***	0.000047	0.0000	− 0.00011***	0.06261	0.0015
年齢	0.00008	0.00104	0.9420	0.00005	0.06741	0.7267
所得	0.00163	0.00639	0.7991	0.00040	0.06761	0.1267
男性（ダミー）	− 0.00923	0.03119	0.7672	− 0.00554	0.00205	0.0252
回答者数	1200			1200		
サンプル数	18000			18000		
対数尤度（最大）	− 19256.24			− 19259.57		
対数尤度（係数＝0）	− 19775.02			− 19775.02		
疑似 R^2	0.02623			0.02607		

（注）記号の意味は表 5-4 と同様。

　推計結果は表 5-8 に示されている。被説明変数に順序尺度を用いているため，順序ロジットおよび順序プロビットという 2 種類の推計方式を用いているが，係数の有意性についてはほぼ同様の結果を示しているため，以下では右側の順序プロビットモデルの結果に沿って説明していこう。

　推計結果を見ると，年齢・性別・所得などの属性は広告種類の選択に対して有意ではないが，価格や広告提示については負に有意な結果を示しており，予想と整合的な結果を示している。また，オーバーレイ型広告はインストリーム型広告に対して係数の絶対値が大きくなっており，支払意思額でみると，前者が 1,977 円，後者が 624 円のそれぞれ負の値を示しており，3 倍以上の開きを伴っていることが読み取れる。

　以上の結果から，動画広告の表示方法によっても，利用者が広告に感じる負の効用に格差が生まれる可能性が示された。ここでの，インストリーム型広告に対する支払意思額が少ない（視聴者の嫌悪感が低い）との結果は，視聴者市場の利用料金をゼロにして多くの利用者獲得を目指し，インストリーム型の広

告を提示して収入を賄う現行の民放モデルにとっては有利な結果を示している
といえるかもしれない。ただしこのアンケートでは動画広告を前提にした質問
を行っているため，より慎重な検討が必要な点には留意すべきである。

第5節 まとめと展望

　本稿では，テレビ広告を事例として，「情報」という視点から考えた利用者
行動に与える影響について考察してきた。データを用いた検証では，前半でフ
ァイナンス分野における投資家認知効果について検証し，そのような効果があ
ることを確認した。また後半では，放送局が置かれている二面市場の特徴を説
明しつつ，リーチの高さと同時にミスマッチ等による広告回避のインセンティ
ブを視聴者にもたらす効果があること，一方で広告形態別の視聴者選好につい
ての推計結果によれば，インストリーム型広告の方がオーバーレイ型に比べて
負の効果が少ないことを確認した。これは，現行の民放局が採用している収益
構造の仕組みが，一定程度うまくできた仕組みであることを示唆している。

　動画視聴をめぐる視聴者市場の変化は近年著しい。Netflix や Amazon プラ
イムを代表的な例として動画配信サービスが日本においても浸透しているが，
このような変化が放送局の収益構造に与える影響は大きいと予想される。例え
ば，本文中でも触れた録画視聴率の計測を㈱ビデオリサーチが提供を始めたの
は 2015 年 1 月からであり，録画視聴への対抗策のひとつとして Tver 等のサ
ービスが開始されたのは 2015 年 10 月であるが，このような変化が人びとの視
聴行動に今まで見られなかった新しい影響を与えている可能性もある。また
Ofcom（2017）で報告されるように，若年層に多くみられる「一気見（binge
watching）」のような視聴行動の変化が観測されると，[18] 利用されている動画広

18）ドラマやアニメなど，同じ番組の複数エピソードを連続して見る行動のことを指す。有料のオン
　デマンドサービスが普及するにつれてこうした視聴形態が多くなってきており，イギリスでは約
　79％の人びとが一気見を経験しており，約 35％の人びとが少なくとも週に 1 回以上行っている。

告に対する態度も変化することが予想される。[19)]このような環境変化も踏まえた
うえで，テレビ広告に対してどのような制度設計をしていくか，データを用い
て継続的に検証を行えるような環境整備が必要だと考えられる。

┃謝辞┃

　本研究の一部に対して，科学研究費補助金（基盤研究(C)16K03683, 17K03694）から援
助を受けている。また㈱エム・データ社からはテレビ放送データの学術利用に関してご協力
をいただいた。記して感謝の意を表したい。

┃引用・参考文献┃

春日教測・阿萬弘行・森保洋（2014）「メディア情報と利用者行動」日本民間放送連盟・研
　究所編『スマート化する放送—ICT の革新と放送の変容』第6章，三省堂，pp. 130-151
春日教測・宗倉学・中村彰宏（2016）「TV 視聴者は有料でも広告をスキップするだろうか？
　—メディア産業における消費者需要特性の分析」2016年度日本応用経済学会秋季大会予稿
丸山雅祥（2017）「プラットフォーム」『経営の経済学　第3版』第12章，有斐閣，pp. 235-
　255
Aman, H., N. Kausga and H. Moriyasu (2015) "Investor Attention Effect of Corporate Ad-
　vertisement: Evidence from the Television Commercials," *proceedings for The 28th Aus-*
　tralasian Finance and Banking Conference, at Sydney, Australia, December.
————(2018) "Mass media effects on trading activities: Television broadcasting evidence
　from Japan," *Applied Economics,* forthcoming.
Armstrong, M. (2006) "Competition in Two-Sided Markets," *The RAND Journal of Eco-*
　nomics, 37(3), pp. 668-691.
Barber, B. and T. Odean (2008) "All That Glitters: The Effect of Attention and News on
　the Buying Behavior of Individual and Institutional Investors," *Review of Financial Stud-*
　ies 21, pp. 785-818.
Billett, M., Z. Jiang and L. Rego (2014) "Glamour brands and glamour stocks," *Journal of*
　Economic Behavior & Organization 107, Part B, pp. 744-759.
Bobinski, G. and G. Ramirez (1994) "Advertising to Investors: The Effect of Financial-Rela-
　tions Advertising on Stock Volume and Price," *Journal of Advertising* 23, pp. 13-28.
Dentsu Aegis Network (2018) *Global Ad Spend Forecasts,* January.

　このような行動は10代の若者に多く，一気見の経験は約86％にあり，少なくとも週に1回以上行
っている人びとの割合は約53％となっている。
19）Horvath, Horton, Lodge and Hattie（2017）は，1話1時間の番組を異なる頻度で視聴する3グル
　ープに分けて効果を検証し，一気見をしたグループの番組内容に対する記憶は，視聴直後は最も覚
　えていたものの，140日経過後の記憶は最も失われてしまったこと，他2グループよりも番組を楽し
　んだ人の数が明らかに少なかったこと，を報告している。広告についても同様の効果が予想される。

Dukes, A. (2015) "Economics of Advertising: The Role of Commercial Media," in Picard, R. and S. Wildman ed. *Handbook on the Economics of the Media*, Chap. 5, Edward Elgar Publishing, pp. 107-122.

Edelman, B. and D. Gilchrist (2012) "Advertising Disclosures: Measuring Labeling Alternatives in Internet Search Engines," *Information Economics and Policy*, 24(1), pp. 75-89.

Engelberg, J. and C. Parsons (2011) "The Causal Impact of Media in Financial Markets," *Journal of Finance* 66, pp. 67-97.

Fehle, F., S. Tsyplakov and V. Zdorovtsov (2005) "Can Companies Influence Investor Behaviour through Advertising? Super Bowl Commercials and Stock Returns," *European Financial Management* 11, pp. 625-647.

Frieder, L. and A. Subrahmanyam (2005) "Brand Perceptions and the Market for Common Stock," *Journal of Financial and Quantitative Analysis* 40, pp. 57-85.

Grullon, G., G. Kanatas and J. Weston (2004) "Advertising, Breadth of Ownership, and Liquidity," *Review of Financial Studies* 17, pp. 439-461.

Horvath, J., A. Horton, J. Lodge and J. Hattie (2017) "The Impact of Binge Watching on Memory and Perceived Comprehension," *First Monday* 22(9). http://firstmonday.org/ojs/index.php/fm/article/view/7729/6532 (2018 年 2 月 25 日閲覧).

Huberman, G. and T. Regev (2001) "Contagious Speculation and a Cure for Cancer: A Nonevent that Made Stock Prices Soar," *Journal of Finance* 56, pp. 387-396.

Kaiser, U. and M. Song (2009) "Do Media Consumers Really Dislike Advertising? An Empirical Assessment of the Role of Advertising in Print Media Markets," *International Journal of Industrial Organization*, 27(2), pp. 292-301.

Lou, D. (2014) "Attracting Investor Attention through Advertising," *Review of Financial Studies* 27(6), pp. 1797-1829.

Nelson, P. (1970) "Information and Consumer Behavior," *Journal of Political Economy*, 78 (2), pp. 311-329.

Ofcom (2017) *The Communications Market Report 2017*, August 3.

Rochet, Jean-Charles and J. Tirole (2003) "Platform Competition in Two-Sided Markets," *Journal of the European Economic Association*, 1(4), pp. 990-1029.

Tåg, Joacim (2009) "Paying to Remove Advertisements," *Information Economics and Policy*, 21(4), pp. 245-252.

Wilbur, K. (2008), "A two-sided, empirical model of television advertising and viewing markets," *Marketing Science*, 27(3), pp. 356-378.

Zenith Advertising & Communications (2017) *Advertising Expenditure Forecasts*, March.

第 **6** 章

ローカル局のニュース制作能力を
再評価する：

地方とネット時代の報道のために

奥村　信幸

第1節　はじめに

　ある県で2つの民放局の社長に話を聞いたときのことだ。どちらの局も県内のイベントや地元グルメなどの情報番組を制作しているが，その作り方ついてのコメントが対照的であった。A局は「他の番組を通じて知り合った商店街の役員や少年野球チームの指導者らに協力をお願いして，おすすめの店などを教えてもらっている。ネタ集めはそこからスタート」というのに対して，B局は「優秀なディレクターがいるから，1日も歩き回れば十分にネタは見つけられる。キー局・準キー局仕込みのノウハウがある」と自信を見せた。

　この対照的な番組づくりの考え方は，ローカル局の将来を考える上で重要なポイントを示してはいないだろうか。ローカル局は，これまで理想として地域密着を目指しながらも，実態は圧倒的多数が番組制作はキー局や準キー局の流儀を踏襲せざるを得なかったのではないか。また，収益の源も，大阪や名古屋など一部を除けば，キー局や準キー局がお金と労力をつぎ込んで制作したゴールデンタイム（おおむね平日は午後7時から，土日は午後6時から午後11時までの時間帯）やプライムタイム（ゴールデンタイムの後，おおむね午前0時までの時間帯）の番組の視聴率に依存してきたのが実情である。しかし，そのやり方に限界が見えている。

137

特に「平成新局」といわれる，比較的歴史の浅い局は，その傾向が強いといわざるを得ない。立ち上げにあたり，キー局や準キー局の全面的な支援を受け，先行のライバル局より比較的小規模な社員数で放送を維持し，「生え抜き」のリーダーが育っていないところも多く，幹部社員も東京や大阪などから派遣されるなどしている。

　そこそこ視聴率を取れている時代はそれでもよかった。しかし若年層を中心にテレビ離れが急激に進む現在，ローカルニュースの作り方も構造改革を迫られている。

　改めていわれなくても地元に密着するという考え方は，当然とされてきたことだろう。しかし，「お題目」としてではなく，今までは地域の誰をターゲットにして番組をつくってきたのか，今後はどのようなコンテンツを制作してユーザーエンゲージメントを高めるのか，戦略を具体的にしなければならない。また，テレビというデバイスを超えて，別の形のビジュアルコンテンツを届けるアイディアも必要になる。

　本稿ではニュースに焦点を当てて考える。1日に数十分から1時間程度とはいえ，ニュースはその局が独自に制作してきたメインのコンテンツのひとつである。同時に，差別化がなかなかできなかった分野でもある。しかし，地域密着と若者の取り込みという大きな課題の解決を目指すのであれば，「ネタ」を拾うアンテナの張り方（ユーザーの関心をどこに向けるのか），新しい情報源の開拓，360°カメラなどテクノロジーを取り入れた新しいデジタル的表現の開発など，新しい試みや投資が不可欠になる。

　南海トラフなどの大規模な災害に対しての備えもしておかなければならない。東日本大震災の教訓をふまえ，テレビやラジオの放送を維持するという伝統的な側面と，スマートフォン（以下スマホ）などのデジタル分野での速報や地域に特化した情報伝達という先端分野の両面での効果的な発信を目指さなければならない。

　ここでは，主に以下の3つのポイントに絞って議論したい。

1）ニュースを取材し発信していくマンパワー。

2）記者やディレクターの専門知識の必要性と育成の仕組み。

3）大災害の緊急報道の備え。

　2017 年の早春から夏を中心に北海道，静岡県，長野県，大阪府，愛媛県，高知県，長崎県，宮崎県，鹿児島県のローカル局の報道部署の責任者にヒアリングを行った。各局は上記のような課題をどのように認識し，どのような取り組みを行っているのかという証言をもとに，特に民放のローカルニュースが地元の視聴者に役立つ情報をもたらし，愛され，頼りにされていくために何をすべきなのかを考えてみたい。

　インタビューでは日常で認識はできていても，なかなか取り組めていない自局の「弱点」についても教えてもらうよう努めた。本音でコメントしてもらえるよう基本的に「オフレコ」ベースとなったことにご理解をいただきたい。内容をなるべく具体的に伝えられるよう，カギ括弧の引用を使用するようにしたが，どの局の誰の発言か明言できない箇所が多数あることをお許しいただきたい。

第2節　ローカル局の現状認識と分析

|2-1| マンパワーは充分なのか

1 画面の「ドレスアップ」が負担に

　各局とも平日の夕方にはネット（全国放送）とローカル合わせて 3 時間近くのニュース番組を放送している。さらに局によっては，その前の時間帯に 2 時間程度の生活情報バラエティ番組を編成している局も多く，かなりの長時間にわたる生放送の帯番組を制作している。

　それを支えるスタッフの態勢はどのようになっているのか。わが国では，正社員スタッフとプロダクションや外部契約のディレクターやカメラマンらが同居するという独特の業界慣行もあって正確な数字が把握できないが，ニュー

スのコンテンツに直接関わるスタッフの数が総勢10人程度と非常に少ない水準のローカル局も多い。ヒアリングを実施した中でも，平日の午後6時台の30〜40分のローカルニュース枠に動員できる記者の数は1日平均で5〜6人と話していた局がいくつかあった。記者ひとりで平均5〜6分の枠を埋めなければならない計算になる。

日本では，番組の演出や画面のつくり方も現場の負担になっている。CMの直前に流す5秒程度の予告VTRは視聴率を下げない工夫として「常識」になっているが，締め切り間際の「追い込み」の時間帯に，短いものとはいえ短いVTRをもう一本編集するのは，けっこうな負担だ。VTRの本数が多ければ番組の体裁のために予告VTR専任の担当者をつけるなどしなくてはならず，さらに「人員繰り」を悪化させる。

一頃よりは落ち着いたものの，画面の空いている場所に，できる限りテロップ（字幕）を出す画面づくりを良しとする風潮もまだまだ根強い。人名や地名などを表示する周りに，ザッピング対策として「今何のニュースをやっているのか」を示すキャッチーなタイトルを表示したり，天気予報や交通情報をディスプレイしたりするものだ。テロップを出力する系統が2つか3つに分かれるため，基本的にはそれぞれ別の担当者を置かなくてはならなくなっている。災害や大事故などの際に画面に現れる「L字」「逆L字」と呼ばれる交通やライフラインの情報などを伝える字幕はさらに5〜7人のスタッフを動員しなければならない。

また，各ネットワークとも夕方のニュースでは2〜3時間の放送時間の中で，「ネット（全国中継の枠）」と「ローカル（その地方局独自の放送枠）」を頻繁に乗り降りを繰り返す（2つの系統の番組を行き来する）。体裁良く番組を成立させるためには，秒単位で段取りを組み，スタッフ全員が一斉に反応しなければならない。複雑になればなるほど放送前の準備も負担となる。

2　ニュースの「精度」への影響
このように番組の「見た目」にマンパワーを割くのは，ニュースの取材や情

報収集にエネルギーや時間を割くことができないという構造的な問題に直結する。ヒアリングでも,「記者が疲弊してしまう」「課題は明快でも,取材時間が十分に与えられない」などの声が聞かれた。富山市議会の政務活動費をめぐる不正を暴いたチューリップテレビの事例など明るい材料ははあるにしても,一般的には,あるテーマを継続的にウォッチし,リサーチを重ねていくことが難しいと感じている局が多かったのが現状だ。

ニュースの質を議論する際に「エンタープライズ」という用語がよく使われる。筆者は「手間ひま」と訳しているが,要するに,情報の正確さを期すために,2つ以上の情報源を確保し,比較検討する作業をどれだけ丁寧に行うか,さらにユーザーに理解を深めてもらうようにするために文章を練り,映像の編集し直す作業をいかに誠実に行うかが,ニュースの魅力や説得力に直結するという考え方である。コンテンツの制作は時間があればあるほど改良することができ,「完成形」がないため,「どこまでやればいいのか」という議論は報道現場の責任者の感覚のみに委ねられてきたのが実情だった。会社全体や報道局内で,「最低限ここまではやろう」という感覚をすり合わせる議論がなされないまま,現場のスタッフの負担だけが増している。

夕方のニュース枠が長時間にわたるようになって,例えば大きな事件で現場から中継リポートをする記者は,数十分おきに画面に登場しなければなくなった。本来は新しい情報をリポーターに供給するために取材を代わりに行う記者がもうひとり必要だが,応援のスタッフを,なかなか送ることができない。

さらに「突発もの」といわれる事故のような現場では,居あわせた一般の人がスマートフォンなどで撮影した画像や映像を探し,ニュースに使用する交渉をするなどの仕事も増えた。

ウェブのニュースに関して,自社サイトだけでなくYahoo!ニュースなどのアグレゲーターのサイトにも1日に20本以上のニュースをアップしている局から,放送後の再編集などの余力が乏しく,自社のウェブサイトに1日に1〜3本程度をやっと掲載している局まで,取り組みに大きな差がある。ヒアリングでは,ニュースをウェブファーストにしていく可能性についても聞いたが,

現場の記者の負担が増している状況の中では，各社ともテレビ放送を優先する態勢を当面は取らざるを得ないというのが大方の回答であった。ユーザーの変化に業界が追いつけていない。

❸　労働問題も「足かせ」に

　長時間の残業を減らそうとする世の中の動きも，今までぎりぎりのスタッフ数で切り抜けてきた現場のオペレーションをむずかしくしている。テレビニュースの仕事は，そもそも残業を前提にしなければ成立しないものだ。例えば午後6時過ぎに放送するニュース番組の場合，早朝や午前中から取材に出かけて，映像を持ち帰り原稿書きと編集作業を行ってオンエア，番組が終了する午後7時ごろまで立ち会い，その後，反省会や翌日の取材打ち合わせ等を行うのが一般的だ。仮に午前8時から取材に出かけたとして，ルーティンの会議や打ち合わせが終わるのが午後8時ころ，すでに1日3時間の超勤が前提になっている。仮に月～金の帯番組を担当しているとすると，月に少なくとも60時間の残業を前提としないとニュースの現場が回らない計算になる。

　ニュースイベントの多くは，事件など，「いつ起きるのか計画が立てられない」性格のものである。残業はさらに増えることになってしまう。ヒアリングでは，特集やスペシャル番組のための企画会議を「自主参加」にして残業をつけないような形で行うとか，宿直勤務をやめた所もいくつかあった。任意参加の企画会議では出席率がかなり落ちてしまったという。

　インタビューした報道局の幹部のひとりは，「報道幹部の仕事はニュースの内容の判断よりも，スタッフの管理業務に多くのエネルギーを割かなければならない」と語った。「記者には普通の人の暮らしをしてもらわないと，視聴者に寄り添った感覚が麻痺してしまう」が，ニュースの質を保証する働き方と両立しないという根本的な矛盾が解決できないでいる。

　スタッフの善意を頼りに業務を進める態勢は，「小さな無理」を重ねることにつながる。ニュースの現場では必ずする仕事のひとつに，早朝に警察署に電話をして，未明までに発生した事件や事故の情報をもらい，カメラクルーを派

遣する手配をするというものがある。従来は宿直勤務の担当者が行ってきたが，やめた局では自宅から携帯電話で行うようになった。ある局の幹部は「グレーゾーン勤務」と呼んでいた。

ニュースのクオリティ・コントロールと経営合理化のバランスが崩れている。経営陣を巻き込んだ全社的な議論が必要だが，平成新局などでは，キー局の幹部らが社長などに就任し数年で交代していくため，長期的な視野に立った抜本的な改革に取り組みにくいという問題も抱えている。

４　認識されない格差

ヒアリングでは陪席者も含めて約30人から話を聞いたが，一部の人がかなり悲観的な見通しを語った他は，そこまで強い危機感は感じられなかったというのが正直な印象だ。筆者が2008年9月から半年間ワシントンに滞在し，リーマンショック後にメディア業界にも大きな合理化の波が押し寄せた際に話を聞いた新聞や放送業界のジャーナリストたちの危機感の方が強かったように思う。所属メディア企業が売却に瀕していたり，ワシントン支局が閉鎖されたり，スタッフのレイオフが発表になったりしていたからだ。

実際テレビのローカル番組はかなり観られているといっていいレベルで，まだ深刻さを感じるレベルではないのかもしれない。静岡県では各局とも午後5時前から2時間以上にわたるニュース・情報番組を放送しているが，2017年春の時点で，NHKを含めたHUT（総世帯視聴率）は50％を越える水準であった。大都市部とは異なり，帰宅時間が比較的早いというライフスタイルなども影響していると思われる。

ヒアリングを行った局の担当者は一様に「人材運用に苦労している」と証言した。しかし，実際にはその背景にあるスタッフの総数や自社制作の割合などの点で，かなりの格差があることもわかった。ある道府県では，老舗の放送局が生活情報とニュースを合わせた3時間以上にわたる番組をウィークデーの夕方に放送してきたのに他局も対抗し，ほぼ同じ枠で各局が競争を繰り広げている。しかし，放送時間は全局ほぼ同じにもかかわらず，制作するスタッフ数は，

半世紀以上の歴史をもつ老舗の大規模局は，報道局の社員，プロダクションや契約スタッフなども合わせて 50〜60 人，内容によっては情報バラエティ系のスタッフまで柔軟に動員する態勢をとっているのに対して，後発局は外部のスタッフを合わせても 30 人強であった。1 日に数時間の枠を埋めるコンテンツを制作すると，いわゆる「ネタ探し」やリサーチ，ロケハンと呼ばれる現場をあらかじめ訪ねて段取りなどを打ち合わせする作業などに，大きな差となって現れるレベルの格差だ。

これら 4 局の番組は，ほぼ同じ時間帯に放送されている東京キー局の番組と並行して「ネットとローカルの乗り降り」を繰り返して放送されているが，ローカルの自社制作部分で比較すると，スタッフが 50〜60 人の局では，午後 4 時台に 5 分，午後 5 時台には 20 分のうち，いわゆるストレートニュース（1 分程度のニュース）と特集，そして午後 6 時前後の全国ネットのニュース枠の後，約 40 分と，1 日に平均約 65 分のニュースを制作している。それに対してスタッフ約 30 人の最も人数の少ない陣容の局では，自社制作は 3 時間番組のうち，午後 6 時 20 分以降の約 40 分のみ，午後 4 時台，5 時台はキー局の東京の番組をそのまま放送しているだけだ。

後者の局の報道幹部に話を聞くと，その 40 分でもかなりの負担となっており，「地方議会の取材などがほとんどできない。何か起きたときに議論の経緯などがフォローできておらず，心配」，「特ダネなどは望むべくもない」ということだった。また，何かニュースになる出来事が発生しても，関係者や影響を受ける団体や地域などの取材や，一般の人のリアクションなどを紹介する「街録インタビュー」などを盛り込み，ニュースを「膨らませる」ことを，あきらめざるを得ないことが多いという。そうすると，特集という目玉がない，ストレートニュース中心の単調なラインナップになってしまう。

しかし，視聴率で見ると，ローカルニュースに力を入れている局とそうでない局の間に，そこまで大差がついていないのも事実だ。そのためスタッフの増員などについて，経営側と交渉する気運が社内でなかなか盛り上がらない。視聴率で番組を評価するという価値観が，今後も合理性があるのかどうか見直す

時期に来ているのかも知れない。

　ヒアリング先のほとんどの担当者が口にしていたのは，CMの量が増えすぎて，視聴者が離れていくのが見えるようだということ，その一方NHKの視聴率が上がっているという危惧であった。ここ20年ほどの間，夕方の民放「ニュース」は，バーゲンやグルメの情報，キー局に依存した芸能エンタメやスポーツなどの「盛りだくさん」な番組で勝負してきた。「固定客」もいる一方で，丹念に地元の問題を拾い上げるような真面目な報道に対する需要が増えていることを予感させる。

|2-2| スタッフの専門知識育成の仕組みは整備されているか

　東日本大震災と福島第一原子力発電所の事故がニュース現場にもたらした教訓は，情報が限定されている中で事態がどのように推移しているのか，あるいは決定的に必要な情報は何なのか判断して住民に安全情報を提供したり，あるいは取材スタッフの安全確保のための判断のために，記者やデスクにも専門的な知識が不可欠であるということだった。ニュースの中身はますます専門性を帯び，従来の「すぐに相談できる専門家を何人か確保しているから大丈夫」という状況ではなくなった。原子力だけでなく医療や食の安全，あるいは仮想通貨など最先端テクノロジーなどの分野で，取材する側にも一定の知識がないと，ニュースバリューそのものを見極められない。

　また，地域に特有の問題をニュースとして掘り下げる際にも知識と経験の集積が必要である。全国的に関心の高い農業問題にしても，消費者がどのような作物を求めているのかという市場の動向をつかんだり，今シーズンの作柄などについての情報をくれる農家や農協関係者などのネットワークを築くという日頃の努力とともに，補助金などの制度やその背景にある政策について勉強していないと特集で取り上げるべきテーマを発見できない。地場産業，医療，高齢化，教育，福祉，貧困，地元の伝統文化など，掘り下げるテーマは実に多岐にわたり，なかなか全部には手が回らないのが実情だ。

　テレビ業界でのニュースは，「ストレートニュース」という，おおむね1分

程度に収まる情報をコンパクトに伝えるものを基本単位として考えられてきた。また，人材育成の方針もスペシャリストを養成するというよりは，どんな事件や出来事にも最低限の対応ができるゼネラリストを目指してきた。ヒアリングでも，専門記者の養成そのものに消極的であったり，記者の人数などに限界があったりするため，容易に態勢をシフトできないというのが多数意見だった。「重点的に取り組む分野が決められない」し，「そんなに連続して特定の分野の特集が組めるわけでもない」し，「視聴率を稼げる見込みも薄い」というのが理由である。

　しかし，今後のウェブ展開などを考えると，1分程度に情報を収める技術よりも，必要に応じて関連データをグラフで出したり，短い解説を自ら行うVTRをすぐに制作するなど，柔軟にコンテンツを発信する能力の方が重要になっていくだろう。

|2-3| 大災害の備えはできているか

❶　マニュアルはできているものの……

　テレビ業界は慢性的な人手不足に悩まされてきた。人が足りないなら足りないなりに，「どんな時に，何を優先し，何をあきらめるのか」という方針が明確になっており，それを経営陣から報道局の外部スタッフまで理解できていれば理想的だが，なかなかむずかしい。テレビの基幹局は，放送法の第108条によって地震や津波，台風などの大災害や，大規模な火災などの事故の際に被害をなるべく小さくし，安全を確保するために機能する役割を求められている。ローカル局も，少なくとも視聴者からは同じような役割を期待されている。各局がどのような災害や事故を具体的に想定しているか，さらに発生が早朝や深夜など，陣容が「手薄」の時に発生しても最低限の対応をするための手当がしてあるか，さらに数日にもわたる可能性がある緊急報道をどのように継続するかなど，具体的なプランを準備しているのかについても話を聞いた。

　災害や大事故が発生した直後，通常の放送を中断して危険な事態の発生を広く伝えたり，大津波警報などが発令された際に画面にどのように表示をするの

か，アナウンサーらはどのようなコメントを発しなければならないか，など手
順を示したマニュアルはかなり整備されている。内容の公表については断られ
たが冊子を貸与してくれた局から，冊子は存在するとしながらも中身を見せて
くれなかった局まで対応はさまざまであった。キー局など比較的大規模な局が
整備してきたマニュアルを流用したり，あるいは一部を使ったりしたもの，そ
の地方に起こり得る災害や原発事故などについてコメントや助言を求める専門
家のリストなどをつけ加えたりしている。

　しかし，マニュアル通りの放送を行うためには，その裏付けとしてのスタッ
フの動員が全社的に，労使関係や関連会社などとの関係も含めて保障されてい
なければならない。さらに大災害時に放送局としてサバイバルするためには，
食糧や水，電源が喪失しても機材を稼働させるための重油，取材車両などを動
かすガソリンなどの確保が必要で，報道部署の枠を越えて総務や人事などの部
署と全社的な連携をしてBCP（Business Continuity Plan 事業継続計画）を立て
なくてはならない。しかし，災害や事故は，発生現場や犠牲者の数，あるいは
1日のどのような時間帯に発生したかなど，数え上げれば切りがないほどの条
件によって報道のしかたが左右されるため，各社ともなかなか「頭の体操がし
切れない」のも実情のようだ。

　そうすると，やはり非常時の備えとしては不安が残る。大地震や津波が発生
した場合，まず自分や家族の安全を優先させるよう申し合わせをしている放送
局や，社員の記者やデスクは出社するよう指示されているものの，取材カメラ
パーソンやサブ（放送用の副調整室）の運用を担当している関連会社のスタッ
フらの出社を任意としているところも多い。そのような場合，果たして初動対
応のために何人くらいのスタッフが動員できるのか，「まったく予想がつかない」
という。さらに致命的な欠陥が明らかになるケースもある。ある局では，社屋
の放送送りだし機材（マスター）が津波で水没する恐れもあるため，局で最も
大型の中継車を高台に移動させ，最低限の放送機能を継続するという計画を立
てているが，その中継車を運転できるのは出社が義務づけられていない関連会
社のスタッフだけだということが判明してしまった……。

❷ 放送を持続する不安

　災害報道で画面に出てくるアナウンサーや記者レポーターは，警報の内容を正確に伝え，住民が避難行動をどのようにとるべきかを短く的確に指示する一方，刻々と飛び込んでくる断片的な情報の中から優先順位をつけて伝える作業を確実に続けなければならない。正確なアナウンス術，プレゼンテーションの能力，情報を選別する能力のすべてが必要になるが，それらの能力をバランス良く兼ね備えた人の数は限られている。民放にも1局に1人か2人は「エース記者／リポーター」がいるが，ニュースの放送時間が限られるため，他の記者の実力アップがなかなかできないのが現状のようである。これに対してNHKは比較的長時間のローカルニュースが毎日あり，事件事故などのブレーキングニュースから地域イベントなど，いわゆる「ヒマネタ」まで，記者にさまざまな経験を積ませて育成しているようだ。

　緊急災害速報を円滑に行えるように，キー局からローカル局まで，ニュース番組終了後の反省会の後などに毎日10〜15分ほどの緊急災害報道のリハーサルを実施し，その瞬間に誰が何の役割でも担えるようにトレーニングを行っている。しかし，災害や事故の規模によって特別番組を何時間も，場合によっては何日も続けなければならなかったり，多方面にわたる取材態勢が何日も継続したりする。画面に登場する1人か2人の記者が上手に話せるだけでは乗り切れない局面も出てくる。民放ローカル局では「エースが連投しなければ回らない」台所事情のところも多いようだ。

❸ 「最悪のシナリオ」

　ある局で非公式に行われた緊急災害報道の紙上シミュレーションについて話を聞いた。南海トラフ級の大きな地震と津波がその地域を襲った場合，おそらく他の都府県も同じような混乱のため，他局からの応援は期待できないという前提だ。関連会社のスタッフには出社の義務は負わせられない。そうすると，自分の家族の安全がなんとか確保できて，出社してきた社員を総動員して，おそらくCMで小休止する暇もない中，交代要員が誰もいない態勢で，緊急報

道特別番組を数日間放送し続けなければならなくなる。

これまでの報道特別番組はキー局にローカル局が「ぶら下がる」方式で運用されてきた。番組の大部分をキー局が制作し，ローカル局が独自に伝える部分は全くないか，あるいは1時間に5分程度であった。しかし，東日本大震災などで明らかになったのは，全国規模の情報が中心に伝えられる報道特別番組では，「地元がどうなっているのか全くわからず，その情報がいつ伝えられるかもわからない（そして待っている暇もない）」という視聴者の強い不安と不満であった。ローカル局も具体的な細かい地名を挙げて避難を促したり，避難所の場所や混雑状況，食糧や水の配給のスケジュール情報などを伝えていく報道を中心にしてくという「発想の大転換」が必要になったということだ。

シミュレーションについて聞いた局で，仮に報道特別番組の大部分をローカル制作で放送しようとすると，どうなるか。県庁や市役所などの行政機関や警察，消防など，情報の拠点に記者を配置し，刻々と入ってくる情報を，いち早く伝えようとすると，電話などで取材をする人と，情報を整理して原稿にしたり，VTRを編集したりという局内で作業をする人だけでスタッフの数が足りなくなってしまうという計算になる。仮にスタジオのカメラを1台だけの固定で（すなわちカメラマンがつかないのでサイズの調節などができない），アナウンサーがひとりで読み上げるという，最もシンプルな形の放送を続けたとしても，被害の現場にカメラクルーや中継車を出動させることができないという。関連会社の人のボランティア出社や，営業など他部署に異動した元報道局の社員頼みとなる。交通やライフラインの情報収集は取材先が分かれているために非常に手間がかかり，その情報をL字や逆L字型のテロップで効果的に発信しようとすると，優先順位をつけ，短時間で読めるように加工するために，5〜7人のスタッフがフル稼働しなければ対応できないという。そうすると，「VTRや中継が全くない，断片的な情報をキャスターがひとりで読み上げるだけの放送を休みなく続け，72時間くらい経ったらスタッフが全員前のめりに倒れるしか道はないのではないか」ということになる。

このような極限状態が発生しないことを祈りたいが，夜間に宿直のスタッフ

がいない時に大災害が発生しても即時の対応が考えられずにいる局もあった。津波などを監視するリモートコントロールの定点観測カメラの台数などの機材の準備状況も含めて、ローカルレベルでは NHK と民放の格差がかなり拡大している印象である。

第3節 「取材団方式」の効果と限界

そのような課題を抱える民放局は、現在どのような手を打っているのか、現状で他に可能性がある対応策はあるのか検証してみたい。

ヒアリングをした局すべてが、特に大規模な災害や事故が起こった時の人手不足に際して、まず当てにしているのが、系列局、特にキー局や準キー局が中心となった記者やカメラクルーなどの応援である。最近は大きな事故や事件などが起きた際は系列ごとに「取材団」がいち早く結成されるようになった。ヒアリングの中で、東日本大震災などでの共同作業を通じて各局で窓口になっている人どうしのコミュニケーションが円滑になり、その後は必ずしもキー局などのリーダーシップがなくても、県境をまたいだ出来事などの取材にスタッフを融通し合う関係ができてきているという。

現状では、このようなネットワーク内での相互協力が最善の策ということになろう。系列内で訓練を重ねられるし、機材やマニュアルを共通化するなどのメリットもある。同じネット番組に出稿し、それに付随した番組を編成しているため、取材の目標も立てやすいと思われる。

しかし、それでも補い切れない部分は残る。ポイントを4つ指摘したい。

|3-1| 応援がスタートするまでのタイムラグ

このような取材団方式は長距離の移動が必要である。東日本大震災が発生した直後から各局が自動車で被災地入りを目指したが、道路が大渋滞で、東京からでもたどり着くのに1日以上かかったのは記憶に新しい。台風などある程度

予測可能なものもあるが，大部分の災害や事故は「突発」であり，例えば大津波警報が発令されて避難を呼びかけなくてはならないようなタイミングでは，外からの応援は期待できない。最も緊急性がある局面にどう対応するのかという想定はあまりなされていない。

|3-2| 系列の応援にも限界

　地理的に広範囲にわたる大規模災害の場合，キー局も含めた各系列局は自局エリアの報道で手一杯になり，応援を送る余裕がない恐れは大いにある。ヒアリングの中でも「どうせキー局も準キー局も来てくれないだろう」と話す人が何人かいた。南海トラフや関東直下地震という，発生の確率が高い震災については，系列局間である程度の「頭の体操」がなされてはいるものの，前述のように災害報道は想定しなければならない項目があまりに多く「手に負えない」との本音も漏れた。

|3-3| 「純粋ローカル」のむずかしさ

　系列各局が応援に駆け付けるということは，「日本全国で関心事となる大ニュースだから」，「ネット（全国）ニュースを中心とした報道」が前提とならざるを得ない。しかし，東日本大震災や，その後の熊本県での地震で明らかになってきたのは，地域ごとの被災状況を具体的に，映像や写真，データなども駆使して伝えたり，避難後の住民の生活維持のために，きめ細かい情報を伝え，問題点があれば指摘する必要があるということだ。

　しかし，取材団を前提にした報道では，全国の視聴者を想定したニュースが中心となる。1時間番組ならローカル部分はせいぜい5〜10分程度，残りは被害状況は全体を大くくりで伝えるだけで，政府の対策本部がどうしたとか，官房長官が記者会見で何を言ったかなど，東京で起きている関連ニュースが中心となる。中継現場となる地点も限られており，内容も一番深刻な被害を受けた箇所だけを強調するようなトーンにならざるを得ない。地元で周囲の状況についての情報を待っている視聴者とはミスマッチが生じている。

第6章　ローカル局のニュース制作能力を再評価する　151

しかし，取材団に派遣された他局の記者らが，純粋にその地方の住民向けの報道のため働いて，自分の出身局には何の情報も届けないことに同意できるだろうか。災害報道が地域の住民ニーズにどれだけ「寄り添えるか」を考える上では，今後，何らかの調整が避けて通れない課題として残る。

|3-4| ニュースの「温度差」

あるキー局幹部から聞いた話だが，東日本大震災が起きてわずか半年あまりで，系列局間の報道部長会議で西日本の局から，「全国ニュースの枠で震災関係の特集をやるのは，もうやめてもらいたい。視聴率が落ちてしまう」という意見が出て驚いたという。その発言が「けしからん」云々の問題ではなく，系列局の間でも，ニュースに対する「温度差」が，あれほどの大災害で原発事故が継続中のあの時期にも顕在化してしまうという事実である。

これは「カネの問題」にも直結している。すなわち，取材団のような態勢を続けるということは，系列局が拠出しているネットワーク全体の予算をどこまで使うかということだからだ。むしろ将来のために予算を確保しておきたい局の方が系列内で多数派になってしまったら，ネットワークの応援態勢の維持はむずかしくなってしまう。

第4節 他の選択肢はあるか

取材団方式にも限界が見える現状で，ローカル局は他にどのような手を打っているのか，あるいは現在のリソースで取り得る選択肢は何か，ヒアリングの内容をふまえて検討する。

|4-1| 系列内でのコラボレーション：埋まらない実力差

近隣都道府県の系列局どうしの協力関係は一定の合理性はありそうだが，長続きしないのもまた事実のようだ。

あるネットワークでは関西，中国，四国地方の数局がコラボして，特集の
VTRや企画ものの中継を出し合う試みを約10年続けてきた。スタート当時に
リーダーシップを取った在阪局によると，何年か頑張って続けてみたが，「企
画が旅ものに集中してしまい」，「真面目なニュース企画ものは，東日本大震災
被災地から移住した人の密着など，各局とも似通ったネタになってしまった」
ということだ。また，「『そのレベルはないだろう』という出来栄えのものが出
てくることもあるが，協力関係の維持もあって，なかなか公然と文句は言いに
くい」雰囲気もあり，約10年を期に離脱を決めたという。
　その「実力差」とはどの程度のものなのか。別の系列のローカル局幹部によ
ると，その系列では，午後6時台後半のローカルニュース枠の特集制作の負担
を減らすために，月に1～2本のニュース特集のVTRを供出しプールして，
自由に使っていい取り決めになっているが，「他局のものは面白くなくて使えない」
とのことであった。地理的な近接性がなく，視聴者の興味を惹起できないネタ
もあるが，その幹部が問題にしていたのは，何よりVTRのクオリティであった。
貧困や教育の問題などは，どの地域であっても共通の関心事なので，仮に遠く
離れた都道府県の問題でも放送が可能なはずであるが，取材が不十分だったり，
わかりにくかったり，映像の編集が雑だったりして「うちの局なら作り直しを
命じるレベル」のものもあり，基本的には使わないことにしたという。
　大規模なニュースイベントでは，系列の総合的な実力が問われる。効果的に
取材ができて，魅力的なコンテンツを企画し，原稿や編集作業を時間内に完了
して，番組を制作できる人材をひとりでも多く確保しないと，長期間にもわた
るニュース競争を勝ち抜くことはできない。実力の平準化は大きな課題として
残っており，先行局は我慢を強いられる現状が見える。

|4-2| 新聞との協力：「垣根」を越えられるか

　都道府県によっては，有力な地方紙と密接な関係があるローカル局がある。
資本が同一だったり，新聞社が民放局の筆頭株主であったりするものから，単
に社屋が近所で社員同士の交流はあるが，業務上はほとんど関係がないところ

までさまざまである。ヒアリングした中で最も関係が深い局は，新聞と人事や総務など社内の管理部門を共通化したり，災害時のマニュアルやBCPを統一したりなど，非常時に備えた協力関係を築いていた。その局の報道幹部は，「双方の経営陣が合意すれば，人事交流も配置換えも可能」，「マルチメディア化を見据えて柔軟に対応していきたい」と将来，平時でも取材を共有したり，新聞の編集局とテレビの報道局の統一も視野に入れていることを明らかにした。

　しかし，これはどちらかというと例外のようである。他県のあるローカル局では，筆頭株主が地元最大の新聞社だが，その報道局幹部は「交流は何もない。『新聞は放送局のリソースを何も必要としていない』と言われた」と語った。また，別の県では有力地方紙と老舗ローカル局の社屋は隣同士で，ラジオでその地方紙の名を冠したニュース番組は存在するものの，「それがテレビに発展する可能性は今のところ考えられない」という。「取材網が新聞と民放局では天と地ほどの差があるため，新聞側に必要性を感じてもらえない」と，新聞側がテレビとの協力を一方的な関係と考えていることがわかる。

　ヒアリングでは，一部の地方紙幹部と意見交換する機会もあったが，「紙の新聞の発行を続けることが使命」，「販売店網の維持が重要課題」と伝統的な新聞の役割を強調する人が目立った。紙面を越えたニュースのウェブ展開を視野に入れて，ローカル局の映像コンテンツ制作能力を取り込んでいこうとする意向は感じられなかった。新聞優位の文化が根強く残っている。

　一部の全国紙は記者に動画を撮影させる試みでローカル局の協力関係を育てている。朝日新聞はいくつかの総支局で記者が撮影した映像を地元のテレビ朝日系列局に供出する試みが始まっている。系列局の報道幹部からは「こちらから出向いて行って，映像撮影の基礎を教えている」と説明があった。まだ「天気予報のフィラー（背景の映像）レベル」（ニュースには使えないという意味）と発展途上のことだが，全国紙の支局の記者数も地方紙に比べれば非常に手薄であり，かえって協力関係が進む可能性もある。

|4-3| 従来の枠組みを越えて

　世界的に見ると，「ジャーナリズム・パートナーシップ」として，他のメディアとも，同じ地域の競争相手とも組む事例が増えている。マンパワー不足を解決するには，どこか別の組織と組むしか，少なくとも論理的には道はない。

　日本では，未だ全国紙とクロスオーナーシップ関係にあるキー局の系列という「縦割り意識」が根強くある。新聞側がテレビを「一段低く」見るような文化も一部では残っている。しかし，東日本大震災発生当日の地震などで，東京湾岸に基地のある在京テレビ各局のヘリコプターが軒並み飛べなくなり，津波の被害の第一報を映像で伝えられなかったという経験から，その後NHKも含めて1機を埼玉県に駐機させておき，万が一，他の全機が飛べなくなっても，その1機が映像を全社に配信するような協定が結ばれたという経緯もある。

　必要に迫られれば垣根を越えることもできそうだ。同業他社だけでなく，他種のメディア，さらに研究機関や地域特有の問題をウォッチしている市民団体などとの協力関係も検討してみる時に来ているのではないか。

　協力関係と一口にいっても，トピックや期間を限定するなどさまざまな形態がある。アメリカのピューリサーチセンターがまとめた報告書の一部を紹介する[1]。ただしこれは約4年前のものであり，現在もそのような協力が継続しているのかは調査しきれていない。

事例①：特定の問題でウォッチする団体と協力

　バージニア州シャーロッツビルの地元紙『デイリープログレス』は購読者の減少と記者数の縮減に悩んでいたが，地元の土地開発事業に関係する住民の不当な移住政策などを監視するNPOと協力して調査報道キャンペーンを展開し1,200本以上の記事を発表した。アドボカシー（特定の政治的な主張を広める）とジャーナリズムのバランスをどう取るのかは課題となったが，同紙は購読者

---

1) Rick Edmonds and Amy Mitchell（Pew Research Center），"Journalism Partnerships - A New Era of Interest", December 4, 2014, http://www.journalism.org/2014/12/04/journalism-partnerships/（2018年5月12日閲覧）

数を回復，市民団体への寄付も増加した。

事例②：調査報道を行うジャーナリスト集団と複数の地元メディアが契約

　2005年にルイジアナ州ニューオーリンズを襲ったハリケーン・カトリーナの復興助成金の不正使用問題を調査していたジャーナリストらが調査報道のNPOを設立，地元紙，テレビ・ラジオ局とプロジェクト・ベースで契約しニュースを専属で出すシステムが定着した。「ゼロメートル地帯」であるニューオーリンズ市やその周辺の治水政策の怠慢により，農地や住宅地が減ってきた経緯を過去100年さかのぼってCGで見せる報道をプロパブリカと協力して発表するなど，州境を越えて他メディアとの協力も進めている。

事例③：物理的な取材困難で同業他社が協力

　テキサス州で2008年に起きたベトナム人教会の子供のバス旅行で15人が死亡した事故では，州が広大で事故現場と教会がある街が非常に離れているうえ，家族や親類の取材が他州などにも展開したため，有力地方紙5紙が取材を分担する合意を結び記事を共有した。その後も各紙は編集会議の内容をシェアすることに合意，AP通信社も加わって，他社のスクープも許可を得て自紙に掲載できるシステムを作った。同州ではこのモデルをまねて，テレビ局同士がスポーツニュースをシェアする態勢を作った。

事例④：特殊な取材能力を持つメディアと特定のテーマで協力

　カナダの『トロント・スター』紙は，地元の幼児性愛の趣向を持つ人たちのグループが極秘のツアーでキューバに渡り，未成年の買春をしているという事実を暴くため，フロリダ州マイアミのスペイン語紙『エル・ヌエボ・ヘラルド』に協力を依頼，キューバの取材を肩代わりしてもらってキャンペーン報道を行い，カナダの法改正にもつながった。

　主な協力対象となっているNPOやフリーランス・ジャーナリストの集団な

どがメディアとの協力で得られた報酬だけでは運営を継続できず，大学や財団の助成金や寄付などを頼りにしているなど，経済的には不安定な要素も多い。しかし，報道のクオリティを維持し魅力あるコンテンツを提供するため，あらゆるリソースに協力をあおぐという姿勢は見習うべき部分が大いにある。

第5節 足元にもあるヒント

これまで見てきた慢性的なマンパワーの不足と，ニュースのデジタル化，将来いっそうのマルチメディア展開に伴う仕事量の急速な拡大という構造的な問題に対し，現在の放送業界の現状を見ると，現場にかけるコストの大幅な増加は望めず，見通しは決して甘くない。特効薬は存在しない。「小さな一歩」でも，ともかく対策に着手しなければならない。ヒアリングを通じて発見した「手がかり」になりそうな事例を2つ紹介したい。

5-1 「マルチメディア・ジャーナリスト」養成のチャンスも

■ キャスター兼記者兼カメラマン

人手不足の解消のため，ローカル局のニュースの現場では，長らく「1人何役」もこなす体制を取ってきた。記者がカメラも兼務してビデオジャーナリスト方式で取材をしたり，それを自ら編集したり，あるいはカメラパーソンが災害現場などで撮影しながら，同時に中継リポートをしたりという仕事のスタイルは，そんなに珍しいものではない。

長らくテレビ業界は比較的スタッフ数の多いキー局の取材・制作システムをモデルとしてきた。取材，撮影，リポート，原稿執筆，映像編集などそれぞれのタスクを確実に行うため，分業制度を前提としているものだ。プロ用のカメラが大型でバッテリーなどの機材を1人で運べないなどの事情もあった。しかし，ビデオカメラが高性能となって小型化し，ウェブやスマホなどコンテンツの「売り場」が拡大し，キー局でも人材運用の効率化を図らなければならなく

なっている。もともとマルチな働きができる人が活躍してきたローカル局は，このような人材育成に本格的に取り組んでみてもいいのではないか。

愛媛県の南海放送（RNB）の夕方ニュース「News Ch.4」の女性キャスターの清家夕貴さんは，もともと関連会社の社員で，報道局に出向し記者として働いていた。配属されて半年ほどで県西部の八幡浜市の支局担当になり，1人で支局を任され，記者兼カメラパーソン，時にはリポーターも務めていた。約4年後，彼女は「番組の顔」に抜擢された。伊方原発など，日常の真面目な取材ぶりとともに，ディレクター兼カメラマンとしてドキュメンタリーを1人で制作したり，リポーターを務めたときの親しみやすい雰囲気が，報道制作局幹部の目に留まったものだ。しかし，アナウンサーとしての訓練はわずかしか受けていない。

彼女がキャスターになって約5年になるが，この原稿を執筆している2018年2月現在でも，自らトップニュースの現場に努めて取材に出かけ，放送直前まで自ら編集作業にも加わるのが普通だという。キャスター自ら取材に出かけ，自らリポートをしたり，編集も行う作業は他のローカル局でも実践していることではあるが，清家さんは現在でも自らカメラを担いで撮影することもある上，コンビを組む松岡宏忠キャスターとともに，2人のキャスターがそれぞれ，月に3本程度，10分前後もの特集を自ら取材・編集している。

清家さんは「関連会社からの社員登用制度」の第一号として，2017年4月に正社員となった。中高年の女性に「息子の嫁に」的な人気を誇る彼女のキャラクターというユニークな要因も大きいであろうし，南海放送に，もともとこのような人材育成のノウハウがあったわけでもないだろう。しかし，人の使い方に新しいアプローチを取り入れられる可能性も見えた。また，特定のイベントで，カメラクルーの代わりに自撮りリポートを試してみるとか，スマホ文化にもマッチする演出など，発想次第で試せることはいくらでもありそうだ。

❷　コーディネーションが課題に

だからといって，誰もが清家キャスターを目指すのが正しい戦略ではない。

1人で何役もこなすビデオジャーナリスト方式は，取材や編集責任が明確になる一方，事実関係のチェックが甘くなるなどのデメリットもある。また，調査報道のように，瞬発力よりも取材に時間をかける必要のある報道もある。ニュース全体を構成するデスクらが，どのような取材態勢を取るか慎重に見極め，担当者を適材適所で配置する必要が，今まで以上に出てくる。

　アメリカのローカル局でも，2000年代の前半，経営合理化のためにニュース部門でビデオジャーナリスト方式を相次いで採用して人員削減を行い，大失敗したという経験がある。[2)]ビデオジャーナリストの取材は視点がミクロなものに偏りがちで，一人ひとりの取材が大きな文脈の中でどのような位置づけになるのか整理し，最終的に大きなニュースとしてまとめる「司令塔」の存在が不可欠となる。そのような役割を担う管理職の育成も同時に求められるのだ。

|5-2| 視聴者を味方に

　鹿児島県の南日本放送（MBC）では，ローカル局では非常に珍しく，ゴールデンタイムに自局制作の1時間番組を2本放送している。地域に密着した情報バラエティと，地元の人物に焦点を当てたドキュメンタリーだ。週に2本のゴールデンタイムの番組制作はかなりの負担だ。とにかく新鮮な材料と情報収集が欠かせない。

　同局は県内のケーブルテレビや地域FMラジオ，ミニコミ誌，映画館のほか，有力なブロガーらにアプローチを重ねて提携のネットワークを拡げる一方，取材で訪ねた中から再度の協力を得られそうな人とのつながりを深めて「ふるさと特派員」というネットワークを育ててきた。2017年現在，提携している地域メディアは約40，ふるさと特派員は約70人にもなる。ラジオも兼営しており，特派員の中にはラジオあるいはテレビ専属の人も，兼務の人もおり，彼らの役割も単なる情報提供から，リポーターを務める人もいる。出演させたら面白そ

---

2) アメリカのローカル局におけるビデオジャーナリズム導入の経緯は以下の拙稿を参照。
　「米ニュースメディアの地殻変動　その1　マルチメディア・ジャーナリストの試行錯誤」（2009）
　『放送レポート』（219号），メディア総合研究所，pp. 22-26，2009年7月1日

第6章　ローカル局のニュース制作能力を再評価する　　159

うだと思われる人には，緊張しないように，まずラジオで試してからテレビに出演させるなどの養成の工夫もしている。将来は，信頼できる人を選んで，災害報道などでも映像取材やリポートに活用することを視野に入れている。

ツイッターなどのソーシャルメディアも積極的に活用している。番組のPRや桜島の噴火などの速報ツールとしてだけでなく，特にテレビ離れが目立つスマホ世代にアプローチするための戦略の一環として戦略的に取り組む姿勢が全社的に鮮明に打ち出されている。デジタルメディアを担当する部署の社員が番組に直接出向いて，つぶやきのしかたなどコーチングを重ね，今ではほとんどの番組では，スタッフが生放送中にスタジオのようすを伝えたり，番組後に出演者が残ってウェブ用のトークコーナーに出演，ソーシャルメディア経由で見せるなど，ユーザーエンゲージメントを高める工夫をしている。前述したゴールデンの地元情報バラエティ「てげてげ」ではソーシャルメディアでのやりとりが高校生に好評で，その後ラジオで高校生向けのスピンアウト番組がレギュラー化するなどの効果をあげている。ツイッターで「てげてげ」のフォロワーは，県内の民放他3局の公式アカウントよりも多い。

こちらも前述のビデオジャーナリスト方式と同様，地元メディアや特派員の能力を見極めたり，ソーシャルメディア経由で伝えるべき情報やコンテンツをうまく選別したりするコーディネーターの存在なしには成立しない。このようなシステムは一朝一夕には築けないが，将来を見据えた「投資」として取り組んでいかなければ，他局との差別化，生き残り戦略も描けなくなるだろう。

イギリスのBBCは2005年のロンドン地下鉄の同時爆破テロ事件を機に，一般の人が撮影した映像などをニュースに取り込むためのUGC HUB（User Generated Contents Hub）という仕組みを整備してきた。[3] ソーシャルメディアのやりとりから，ニュースの「タネ」を発掘したり，一般の人からもたらされた情報がニュースとなり得るかどうか検証するソーシャルメディア・エディターな

3）UGC HUB についての経緯は以下を参照。

Valerie Belair-Gagnon（2015）, *Social Media at BBC News: The Re-Making of Crisis Reporting*, Routledge.

どの仕組みも整備して，スマホ・ネットワークの時代に報道機関が取りこぼしてしまうニュースをいかに拾い上げるかという課題に取り組んできた。

　フェイクニュースを確実に排除する手順など，まだ課題はあるものの，協力を惜しまないユーザーを見出して信頼関係を築き，ニュースに生かすことも，今後のテレビ業界の大きな課題のひとつであると思われる。

第3部

メディア環境の変化と放送：公共性，自由，自主自律

第**7**章

メディア環境の変化と
放送の公共性の諸相

音　好宏

第1節　はじめに

「放送の公共性」を論ずる前に，個人的な，体験から始めたい。

2001年9月11日，米国で同時多発テロが発生。当時，私は，米・コロンビア大学の客員研究員として，ニューヨークに滞在していた。ミッドタウンにあるアパートの私の部屋の窓からは，ワールド・トレード・センターがよく見える距離にあった。

あの日，ワールド・トレード・センターに2機目の旅客機が突入したころには，テレビ各局は次つぎと特別番組に編成を切り替え，逃げ惑う市民と消火・救出作業に赴いた消防隊の姿など，現場の混乱した様子を生中継で伝えだしていた。その後，ワールド・トレード・センターは，旅客機突入の衝撃に持ちこたえられず，倒壊。現場付近は，粉じんで灰色に染まる。現場から数キロ離れた私のアパートの前にも，カビ臭く焦げたような嫌な臭いが流れてきた。私がこの同時多発テロ事件で最も強く印象に残る記憶は，この臭いである。

この時ばかりは，テレビ各局も，CM抜きで特別報道番組を放送し続けた。

ワールド・トレード・センタービルの屋上には，地上波テレビ局の複数の送信施設があった。ここから放送電波を送信しているテレビ局の電波は，ビルの倒壊とともに，送信を停止した。当時，米国におけるケーブルテレビの普及率は，7割以上だった。いまでこそ，ネットフリックスなどの動画配信サービス

164

の伸長に押され，ケーブルテレビはその普及率を下げつつあるとされるが，当時の米国のケーブルテレビは，その歴史の中でも，最も勢いがあった時代といえるかも知れない。

そういったメディア環境でもあり，ケーブルテレビによるテレビ視聴が主流のため，電波塔が倒壊したといっても，影響を受ける直接受信の家庭は，さほど多くはなかった。かくいう私の住まいでも，この事件を伝える特別放送番組を見続けていたわけだが，その視聴したチャンネルの中に，ケーブルテレビ経由で提供される地上放送の番組も含まれていた。

もちろん米国でも，放送は公共的なサービスとして位置づけられている。ワールド・トレード・センタービルの倒壊により，テレビ放送電波の送信ができなくなったことを受けて，当該放送事業者たちは，ハドソン川の川向こうのニュージャージー州側に，仮の送信所を建設。マンハッタン島方面に向け，放送電波の送信を始めた。

ただ，この送信所は，あくまでも仮の施設ということで，電波の出力が弱く，特にブロンクス地区など，マンハッタン北部のエリアなどには，十分に電波が届かなかったという。もちろん，有料サービスであるケーブルテレビに加入する世帯に比べ，地上波を直接受信している世帯の方が相対的に所得水準の低い家庭が多い。仮設の送信所によって，電波の届きにくくなった地区に，そういう家庭も含まれていた。

そのような放送事業者の対応は，私にとっては不可思議だった。米国の放送事業者には，「公共の利益，利便及びその必要性」（Public interest, convenience or necessity）という「放送の公共性」を追求することが，その免許要件として明確に定められているはずである。なぜ，早急に放送サービスを全面復旧する手だてが施されないのか。また，このような状況に対して，そうして行政が目立った動きをしないのかといった素朴な疑問が湧いた。キャンパスで日ごろ顔を合わせていたコロンビア大学の教員にこのことを尋ねた。彼は，「日ごろからテレビは見ないし，私の生活にその必要性は感じない」と，自分自身の生活を紹介した上で，ネットワーク局を含め，米国の主要な放送局は私企業であり，

第7章 メディア環境の変化と放送の公共性の諸相　　165

彼らの経営判断が尊重されるという。まして同時多発テロという非常事態に直面して，放送局は採算性を度外視してCM抜きの放送を3日間続けた。その上，仮設送信所の建設という負荷を負った中での判断なので仕方がない。実に素っ気なかった。公共政策に関心の高い研究者ですら，こういった考えを持っていることは，米国社会の本質を見たような気がした。

　日本で突然，長期にわたってテレビ放送を視聴することができない地域が生じたら，人びとはどう反応するであろうか。

　そのことを考える参考になるのが，2003年から始まった地上デジタル放送へのアナログ放送からの移行，いわゆる「地デジ化」であろう。このデジタル放送への移行作業においては，2011年7月のアナログ停波に向けて，"地デジ難民"を出さないことが至上命題とされた。日本の地デジ化が，官民一体となった一大キャンペーンとして進められたのは周知の通りである。

　放送メディアについていえば，その事業に公共性，公益性を求めるのは，どこの国でも同じだが，求められる公共性を構成する要素や，その優先順位は，国や社会によって微妙に異なる。

　日本の放送サービスにおいて，特に重視されているのは何か。

　先の例を見てもわかるように，サービスの安定性，継続性，そして，災害などの緊急時に目の前の経済性などを度外視しても長期的視野に立てる対応力だろう。

　日本において既存のメディア事業者は，大規模災害の発生時などでは，その公共性，公益性ゆえに，時には採算性を度外視した事業判断がなされるのが当然と，人びとから認識されてきたのである。

　安定的・継続的にサービスが提供され続けることを重視するのは，日本社会で生活する人びとが，そのようなメディアに対する公共性観を当然のこととして，認識しているからではなかろうか。このような同じ社会に住むものに共通の価値意識というものは，日ごろは顕在化しにくい。それらに気づかされるのは，非常時である。例えば，それが米国では同時多発テロの時であっただろうし，日本では，阪神・淡路大震災や東日本大震災の時ではなかったか。

166

第2節 「放送の公共性」の諸相

　放送が優れて公共的なものであるということは，民主主義を標榜する先進諸国においては，洋の東西を問わず語られてきたところである。放送の公共性を，どのように放送事業者に担わせるのかは，その国の放送制度，放送政策を検討する上で，規矩となるといえよう。ただし，そのとらえ方は，国によっても，また，放送事業の在り方によっても異なっている。

　広く知られているように，米国では，「放送の公共性」を「公共の利益，利便及びその必要性」（Public interest, convenience or necessity）とし，放送事業者が「放送の公共性」にいかに奉仕できるかを，連邦通信委員会（FCC：Federal Communications Commission）が審査してきた。もちろんのことであるが，私的利益を追求する商業放送の放送事業者であろうとも，「放送の公共性」に十分に奉仕しうるとの立場を取ってきた。公共放送など，権力の影響の危機にさらされやすい放送事業者よりも，むしろ商業放送の方が健全という考えによって，米国の放送システムは運営されてきた。

　英国では，放送の公共性論議において，制度的に常に問題とされてきたのは，Public Service Broadcaster の範囲であった。他の西ヨーロッパ諸国と同様に，戦後長らく圧倒的に放送の大半を BBC が担う状況が続いた英国においては，制度的にも商業放送の存在は，あくまでサブシステムという位置づけにあった。

　そのことからすれば，Public Service Broadcaster は，BBC のみであって，商業放送は，あくまで私的利益を追求する事業者によって経営されることから，放送による公益性・公共性を十分に担いうる存在になり得るかについては，放送制度的にも懐疑的なスタンスが取られてきたと見ることができるであろう。

　日本においても，戦後，新たに生成された NHK と民放との併存という放送体制のなかで，「放送の公共性」論議は，特に民放にとって，避けては通れない重要なテーマであった。民放の公共性を問うことで，公共放送たる NHK とともに，放送の公共性を担う存在であることを示す必要があったからである。

第7章 メディア環境の変化と放送の公共性の諸相　　167

民放連研究所は，民放連の結成 10 周年でその設立が提言され，1962 年に開所した。その設立早々，研究所を上げての大型研究テーマとしてプロジェクトが組まれたのが，「放送の公共性」研究と「電波料」研究であった。

　前者の研究成果は，1966 年に，日本民間放送連盟放送研究所編『放送の公共性』（岩崎放送出版）としてまとめられているが，初代研究所長であった赤尾好夫は，同書の序文で，「放送はいかにあるべきかという積極的体系的な放送論は，まだ現れていないという感想をわれわれは禁じえない」とし，現状をそのままにしておけば，「放送事業であるかぎり民間放送も NHK もしたがわざるをえない，基本的な『放送の公共性』も，また，民間放送が NHK と異なった形で担うであろう『民放の公共性』も見失われてしまう危険性がある」と当時の問題意識を記している[1]。

　同書では，その巻頭に，加藤秀俊による「民放の基盤としての公共性」という論文をを掲載しているが，その冒頭で，「『公共性』は先験的な絶対概念ではない」と前置きしつつ，民放と放送の公共性との関わりについて「電波の技術的な理由から，自ら地域社会を意図的に形成していく民放は，そこにかかわり合う諸価値の対立を，公共性の名において調整していく主体」と論じている[2]。

　このように見ていくとわかるように，「放送の公共性」は，一定の普遍性を担保しながらも，その国の放送観・メディア観や，メディア状況により，求められるものが微妙に異なっているととらえるべきであろう。

　では，戦後日本の放送のなかで，この「放送の公共性」は，どのように継承されて来たのか。特にこの 20 年の多メディア化，多チャンネル化の過程を振り返りながら考えてみたい。

1）赤尾好夫（1966）「序文」民放研『放送の公共性』岩崎放送出版
2）加藤秀俊（1966）「民放の基盤としての公共性」民放研編『放送の公共性』岩崎放送出版, p. 2

▶「放送の公共性」の広がりを考える上で参考になるのが，1985年に，当時の郵政省に設置された『ニューメディア時代における放送に関する懇談会（放送政策懇談会）』（座長：吉国一郎・元内閣法制局長官）は，「所謂ニューメディア時代における放送の役割について長期展望を行うとともに，国民の多様化する要望にこたえ得る放送の在り方について検討」を行って，1987年に報告書を提出した。その報告書の中で，「放送性」の濃淡に応じきめ細かな規律の整理の必要性にふれている。

「典型的な放送概念とそれに対する現行の制度的対応を一方の端に，典型的な電気通信概念とそれに対する現行の制度的対応を他方の端に観念し，その両端を結んだ線分上において，広義の放送概念に含まれる諸メディアを配置分類し，各メディアの特性に応じ，高度な規律を課すべきメディアと緩やかな規律を課すべきメディアをきめ細かく整理することが新たな行政課題となっている。」

この提言に基づき，1988年の放送法改正では，社会的影響力がすでに大きくなくなっていた民放のラジオ放送について番組調和原則を不適用とする，部分的な規制緩和を行った。

図 7-1 「放送性」の濃淡

第3節 メディア環境の変化と「放送の公共性」

1990年代以降，日本の放送メディアの多様化は急速に進んだ。

1989年，NHKは，世界に先駆けて放送衛星を介して，利用者が，直接，衛星放送サービスを受信するBS放送の本放送を開始。他方で，この年，通信衛星の民間利用が開放され，通信衛星を用いたケーブルテレビへの番組供給が本格化した。いわゆる「スペース・ケーブル・ネットワーク」である。それは，ケーブルテレビというメディアが，難視聴地域のテレビ視聴対策というテレビ放送の補完装置として登場，発展してきた時代から，多チャンネルサービスをそのセールス・ポイントとした都市型ケーブルテレビに，本格的に移行したこ

とを意味する。

　その一方で，1992 年には，この通信衛星から直接家庭で受信する CS 放送がスタート。ケーブルテレビが視聴者に提供する多チャンネル・サービスの番組供給元である番組供給業者（いわゆる「番供」）が，自ら委託放送事業者となって，視聴者と直接向きあう放送局の立場になったわけである。

　それに加え，「放送のデジタル化」が，多メディア化，多チャンネル化に拍車をかけることになった。

　1996 年には，CS 放送のデジタル化にあたって，有料多チャンネル・サービスにおけるチャンネル（委託放送事業者）を束ねて利用者に提供するとともに，その利用契約者から料金徴収など顧客管理を担うプラットホームとして，パーフェク TV が登場。パーフェク TV は，その後，登場した競合社であるディレク TV や事業企画会社の JSkyB を吸収合併し，スカパー JSAT として現在に至っている。

　他方，ケーブルテレビ事業者においても，1995 年 1 月には，住友商事と米 TCI の共同出資によるジュピターテレコムと，伊藤忠商事，東芝，タイムワーナー，US ウエストによって設立されたタイタス・コミュニケーションズという 2 つの MSO がサービスを開始。それはケーブルテレビに対する外資規制の撤廃と，地元資本の優先というこれまでのケーブルテレビ政策が規制緩和に大きく転換されたことによるものだった。それは，ケーブルテレビ事業の産業化の促進をも意味する。その後，ジュピターテレコムは，2000 年にタイタス・コミュニケーションズを吸収合併し，その一方で，各都道府県の中核都市で成長していた都市型ケーブルテレビの買収を続け，今日では日本最大の MSO にまで成長している。

　また，2000 年には，BS デジタル放送が開始。BS 放送もアナログ放送からデジタル放送に移行することで，BS 放送でも多チャンネル化が進行する。

　加えて，2003 年の地上デジタル放送の開始を含め，放送サービスは，多メディア・多チャンネル化，そして，デジタル化によって，放送サービスは多様化していった。

他方において，1990年代に始まったインターネットの商用利用によって，インターネット・サービスは急速に広がっていく。加えて，携帯電話の爆発的な普及も相まって，電気通信網の整備が前倒しでなされていく。

　そのような中で求められたのが，通信と放送の融合時代に向けたサービスのありようと，そのための制度整備である。電気通信技術の開発動向からすれば，将来的に通信と放送のサービスが，技術的に融合していくのは必然であり，そのことからすれば，これまでの制度をいつ，どのような形で整えていくのかは，通信・放送を担当する行政府はもちろん，事業者にとっても向きあわねばならない課題であった。

　ちなみに米国では，1990年代に入って，電気通信技術の発展を背景に，通信・放送の融合を視野に入れた抜本的な改革に向けた議論が本格化。大手メディア資本は，それらの制度改革の動きを促進するよう積極的な働きかけをする一方で，制度的な変革を見越して，メディア資本の再編が進んでいった。例えば，1995年の秋には，ディズニーのABCの買収会見や，タイムワーナーのTBS（Turner Broadcasting System）買収発表などが，経済ニュースを賑わした。その結実として，大幅な規制緩和を含んだ制度改革が行われ，1996年に電気通信法（Telecommunications Act of 1996）が成立。これは，60年ぶりの通信放送法制の大改正といわれた。

　このような通信放送の融合時代の動きを意識した米国での制度改革の動きは，少なからず日本の制度改革にも影響を与えることになる。ただし日本では，2003年に地上デジタル放送を開始，地上アナログ放送の停波を2011年7月とするスケジュールもあり，この「地デジ化」という，放送にとっての大仕事を横目で睨みながら，制度改革をする必要があった。

　そのような流れの中で，小泉政権時代に竹中平蔵総務大臣の肝いりで設置された「通信・放送の在り方に関する懇談会」で，本格的な議論を開始。そこで進められた通信放送融合の議論を受け，放送法制の整備が議論され，その延長線上で，通信・放送法制の制度整備の議論が進められ，2010年に大幅な放送法改正が行われる。

■従来の放送関連の4法を新「放送法」に一本化するなど、60年ぶりの大改正が行われた。

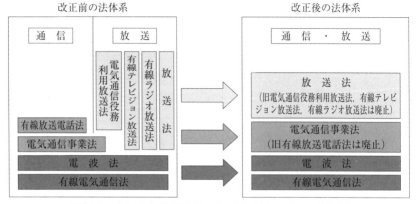

図7-2　2010年放送法等の大改正（2011年6月施行）

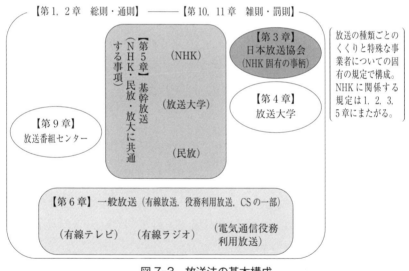

図7-3　放送法の基本構成

　2010年の放送法の大改正では、それまであった放送関連の4本の法律である放送法、有線テレビジョン放送法、有線ラジオ放送法、電気通信役務利用放送法が1本にまとめられ、新放送法となった。そこでは、放送サービスを基幹

放送事業者と一般放送事業者に分け，地上放送，BS 放送，110 度 CS 放送などは基幹放送事業者，110 度 CS 以外の CS 放送やケーブルテレビなどは一般放送事業者として区分された。

放送サービスの多様化にあたり，制度的にも放送事業者にグラデーションをつけたわけである。

この放送法の改正で，制度的により明確になったは，公共性の度合いが相対的に強い放送メディアと弱い放送メディアがあることだ。もちろん最もその度合いが強いと位置づけられたのは地上波の NHK である。BS 放送は，降雨減衰があるので，準基幹放送と位置づけられた。放送衛星（BS）と軌道位置が同じ 110 度 CS 放送は，BS 放送と同じ，準基幹放送に位置づけられた。

実態としては，ケーブルテレビのチャンネルに番組を供給する番組供給業者が，自ら放送事業者になるべく最初に進出した先が，一般放送事業者と位置づけられている 124 度・128 度 CS 放送であった。彼らは，そのマーケット・サ

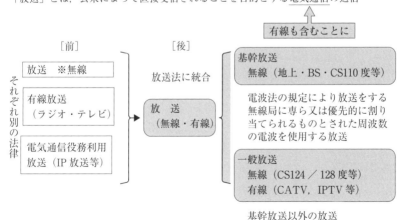

図 7-4 「放送」の新定義と分類（2010 年放送法により変更）

第7章 メディア環境の変化と放送の公共性の諸相　173

イズの大きさから，110 度 CS 放送での事業展開，可能であれば，BS 放送での展開を希望してきた。

　いうなれば，媒体別の公共性の強弱がブランド価値を決定し，プレーヤーの側も，より公共の高い方が，市場が大きいとの認識の下，委託放送事業者（＝ケーブルテレビ向けの番組供給業者）は，自社の体力と見合いながら，よりリーチの長いメディア事業へのシフトを志向した。

　ここで注目すべきは，それらの新規放送メディアを支える現場の公共性観である。1990 年代以降の多メディア・多チャンネル化の中で，新規参入した事業者たちは，既存のメディア事業者が行ってきた社会との向き合い方を手本としつつ，自らのメディア観，公共性観を育んでいったといえるだろう。

　先に見たように，ケーブルテレビ事業でいえば 1995 年の MSO の登場，そして，衛星放送事業でいえば，1996 年のパーフェク TV による CS デジタル放送の開始を契機に，非メディア系の事業者やそこで活躍してきたスタッフが，多数，これらの新規放送系メディアに参入をしてきた。

　そのような中で，彼らは，既存の放送事業者たちと接し，または，彼らを手本とすることで，自らの放送の公共性観を身につけてきたと類推することができよう。

　例えば，全国の中小のケーブルテレビ事業者では，自前で現場スタッフの基礎的な研修を行うだけの余裕がないこともあって，東京・砧にある NHK 放送研修センターを活用しているところは多い。この NHK 放送研修センターは，NHK 職員の新人研修，中堅職員の短期研修などに使われているわけだが，そこで学ぶケーブルテレビ・スタッフは，勢い，NHK の人材育成システムに組み込まれているメディア観，公共性観がリプリントされていくことになる。

　他方，CS デジタル放送においても，年に何度か衛星放送協会に加盟する会員各社の若手スタッフ向けの研修が企画されているが，そこでも新聞記者やテレビ広告マンなど，既存のメディア事業の現場で働いていた人を講師にすることは多い。

　もちろん，CS デジタル放送の委託放送事業者には，報道系チャンネル，テ

レビドラマ系チャンネルを中心に，既存の地上テレビ放送系の事業者がおり，彼らの「放送の公共性」観は，地上民放の現場で働く者たちの「放送の公共性」観と，さほど変わらないといえるだろう。

ただし，このような放送法の制度的な枠組みに対して，批判的な意見がないわけでもない。

例えば，1980年代末のニューメディア・ブームなどで，地域の情報基盤として産声を上げ，地域密着型のサービスを標榜しながら事業拡大を続けてきた地方都市のケーブルテレビ事業者の中には，ケーブルテレビは「地域の基幹放送」であるとの意識は強い。そのようなケーブルテレビ事業者からすれば，新放送法で示された区分に対して少なからず抵抗感があることも，また確かである。

彼らからすれば，まさに地域社会の情報基盤として公共的な役割を強く担ってきたとの自負がある。より積極的に，放送法におけるケーブルテレビの位置づけを基幹放送にするよう改正を求めるべきといった意見すらある。[3]

第4節 「放送の公共性」と通信と放送の融合

「放送の公共性」を考える上で，問題となるのは，いま起こっている状況である。

東日本大震災の影響で，福島，宮城，岩手の被災三県のアナログテレビ放送の停波は予定より1年遅れたが，2012年3月には，地上波テレビ放送のデジタル化が完了した。それから6年，"地デジ化"後の日本の放送を振り返ってみると，直面する最大の課題のひとつとされてきたのは，ネットと放送との融合問題であろう。

インターネット網が整備されたことを受けて，動画配信サービスが急速に普及・浸透しつつある。利用者からすると，放送サービスと動画配信サービスと

---

3) 例えば，日本ケーブルテレビ連盟副会長を長らく務めた中海テレビ元社長の秦野一憲氏の主張。

第7章 メディア環境の変化と放送の公共性の諸相 175

の違いは見られなくなりつつある。

2015年は,「動画配信元年」といわれたが,多数の動画配信事業者がサービスを開始。思うように利用者を集めることができずに撤退したところもあるものの,全体としては,利用者は広がりを見せている。

利用者の目から見ると,その違いを見つけにくいわけだが,他方で,キャッチ・アイ的な過激な映像表現があっても,動画配信であれば,制度的にその品質を問われることはない。

インターネットの史的展開を振り返ってみれば,オーソドックスなマスメディアでは取り上げないような情報,場合によっては,過激な情報が自由に往来することによって市場を拡大してきた経緯がある。

そこに「放送の公共性」といった概念はない。もちろん動画配信事業者は,放送法のような一定の制度的規律の枠内に置かれているわけでもない。

先に紹介したように,事業採算性があわない状況が生ずれば,容易に撤退の経営判断を下すであろう。また,放送事業のように装置産業ではないため,撤退という作業も相対的にも容易である。加えて,その担い手は,ケーブルテレビや衛星放送によって多様な放送事業者が登場し,その現場で働く者の裾野が広がった時に見られたような既存の放送界で共有されている「放送の公共性」観が,広がっていくのとは明らかに異なる状況が生まれようとしていることである。

いま,進みつつある動画配信サービスにおいて,その担い手たちは,この20年あまりで放送系メディアが多様化し,現場スタッフが流入してきた状況とは明らかに異なる。既存の放送事業とはまったく関わりのない一般人が,動画投稿サイトに投稿し,それが多くのアクセスを集め,人気ユーチューバーになるといわれる時代である。

そのようなメディア状況を考えるとき,既存の放送に求められてきた「放送の公共性」という概念をネット空間にも持ち込み,その規範に基づいたプレーヤーも共存することができる空間となれば,ネット空間は,より魅力ある住みよい空間となるのではなかろうか。

第5節 「放送の公共性」の担い手たる放送人とネット空間

　もちろん，「放送の公共性」が求める空間そのものの広がりを合わせて戦略的に図っていく必要があるあろう。そのことに対し，早くから示唆に富む指摘をしていたのが，故・村木良彦である。村木は，日本の放送現場が成熟するにつれて，規範としての「放送の公共性」が，放送現場のクリエイティブを押し込める機能を果たしてきたことを痛烈に批判し続けていた。もちろんその裏返しとして，放送現場のクリエイティビティへの期待を持ち続けていたともいえる。[4]

　その村木は，2008年1月に亡くなるのだが，村木の直系の弟子を自任していた是枝裕和は，村木の追悼本『それでもテレビは終わらない』のなかで，村木の「放送の公共性」に対する考えを，自らの思いも込めて語っている。少々長くなるが引用したい。

　「『公』（パブリック）ではそもそも，多様な『私』（個，パーソナル）が許される。みんないっしょではなく，人々は多様であることを示していく場であると思っている。テレビというのは，そういう場として，本来は機能すべきだと思うのです。」

　『私』に許される表現と，パブリックの空間に許される表現とには，違うレベルがあると思っている。そこにはルールが必要で，どんなものでも許されるというのとは，違うレベルがあると思っている。そこにはルールが必要で，どんなものでも許されるというのとは少し違う考え方をぼくはもっている。

　そういう自分とは違う価値感や意見と出会って，その場に自分をさらして，

---

4) 村木良彦については，追悼番組「あの時だったかもしれない」がBS－TBSで制作されたが，そのディレクターも是枝裕和が務めている。同番組では，生前に収録した村木のインタビューという形で，村木の「放送の公共性」論について紹介されている。

匿名性のなかではなくて，きちんと顔を出して，多様性を認めあう空間として
てテレビが存続していかなければ，ネットに負けると思う。匿名性のかげに
隠れて，いいたいことだけをいう，というところでは，決して多様な『私』
（パーソナル）が認められているわけではない。」[5]

放送とネットとの垣根は，今後，より一層低くなっていくのは間違いない。
その過程で，ネット空間に，より成熟した形で「放送の公共性」のイデオロギ
ーを持ち込めるのかが問われているのであろうし，それは，ネット空間を耕す
鍬になるのではないか。

加藤秀俊は，前述の民放研編『放送の公共性』に掲載した論考の中で，「放送
の公共性」について，「先験的な絶対概念ではない。競い合う多元的な諸価値が，
自らの普遍妥当性を主張するさいに使われる戦術的な用語である」とも主張し
ている[6]。ネット空間に，放送的なサービスが広がりを見せる中で，日本の放送
メディアの発展過程でなされてきた「放送の公共性」論議をネット空間にどう
移植できるかは，放送とネットとの共存を考える上でも重要な課題である。

---

5) 今野勉他（2010）『それでもテレビは終わらない』岩波書店，p.30
6) 加藤秀俊（1966）「民放の基盤としての公共性」民放研編『放送の公共性』岩崎放送出版，p.2

第**8**章

放送の自由と受信者の利益：

区域外再放送をめぐって

林　秀弥

第**1**節　**問題の所在**

|1-1| はじめに

　放送事業者には，憲法上，表現の自由（憲法 21 条 1 項）の一環として放送の自由が保障されている。[1] これを具体化するものとして，放送法は，放送が国民に最大限に普及されて，その効用をもたらすことを保障すること（1 条 1 号），放送の不偏不党，真実及び自律を保障することによって，放送による表現の自由を確保すること（2 号），放送に携わる者の職責を明らかにすることによって，放送が健全な民主主義の発達に資するようにすること（3 号）といった原則に従って，放送を公共の福祉に適合するように規律し，その健全な発達を図ることを目的としている（1 条）。そして，同法は，放送番組は，法律に定める権限に基づく場合でなければ，何人からも干渉され，又は規律されることがないとして（3 条），放送番組編集の自由を定めるとともに，法律によりこれが制約されることがあることを明らかにしている。

　そして，放送事業者は，他の放送事業者の同意を得なければ，その放送を受

※本稿は個人的見解であり，所属する機関および参加する研究（員）会等の見解とは一切無関係である。

1) 放送の自由については，鈴木秀美『放送の自由』（信山社，増補第 2 版，2017 年）および，西土彰一郎『放送の自由の基層』（信山社，2011 年）をさしあたり参照。また放送法全般については，金澤薫『放送法逐条解説』（情報通信振興会，第 2 版，2012 年），鈴木秀美・山田健太編著『放送制度概論─新・放送法を読みとく─』（商事法務，2017 年）を参照。

信し，その再放送をしてはならないとして，放送事業者の同意権を定め（11 条），受信障害区域においては，指定再放送事業者に対し，正当な理由があるとして総務省令で定める場合を除き，地上基幹放送を受信してその放送番組に変更を加えないで同時に再放送することを義務付けており（140 条 1 項），有線電気通信設備を用いてテレビジョン放送の業務を行う一般放送事業者が地上基幹放送の業務を行う基幹放送事業者に対し，その地上基幹放送を受信してする再放送に係る同意について協議を申し入れたにもかかわらず，当該基幹放送事業者が協議に応じず，又は協議が調わないときは，当事者は，電気通信紛争処理委員会に対し，あっせん又は仲裁を申請することができるほか（142 条 1 項，3 項），総務大臣の裁定を申請することができるとされており（144 条 1 項），総務大臣は，この規定による裁定の申請があったときは，その旨を当該申請に係る基幹放送事業者に通知し，相当の期間を指定して意見書を提出する機会を与えて（同条 2 項），当該基幹放送事業者がその地上基幹放送の再放送に係る同意をしないことにつき正当な理由がある場合を除き，同意裁定をするものとされている（同条 3 項）[2]。この同意裁定においては，申請をした者が再放送をすることができる地上基幹放送，その者が再放送の業務を行うことができる区域及び当該再放送の実施の方法を定めなければならず（同条 4 項），同意裁定が当事者に通知されたときは，当該裁定の定めるところにより，当事者間に協議が調ったものとみなすこととされている（同条 7 項）[3]。

　そもそも，放送事業者に放送の自由が保障されていることの意味は，表現の自由が外部に向かって自らの思想や主張，あるいは自己の意思・感情などの内心的な精神活動の一切を外部に公表する精神活動の自由を保障することにあり，

---

2) この「正当な理由」の解釈に関しては，総務省が研究会を開催し有識者や利害関係者の意見を聴取のうえ，パブリックコメントを経て，2008（平成 20）年 4 月に大臣裁定に当たっての基準となる再放送ガイドライン（後掲）を策定し公表している。その後，旧有線テレビジョン放送法第 13 条第 3 項の規定に基づき，テレビせとうち株式会社の再放送に関するよさこいケーブルネット株式会社からの申請に係る裁定（「高知裁定」）が平成 23 年 6 月 21 日に，また，同規定に基づき，福岡県の地上基幹放送事業者 4 社の再放送に関する山口ケーブルビジョン株式会社からの申請に係る裁定（「山口裁定」）が同日に行われた。

3) 以上につき，後掲・ひのき東京高裁判決 26 頁（第 3 の 1 (1)）による。

放送事業者の放送の自由がかかる表現の自由の一内容として保障されるのも，放送が，制作・編集という知的営為を経た上で送り手の主張や意見が表明されることを本質的な内容とするからにほかならない。このように放送の自由は，きわめて重要な憲法的価値であり[4]，であるからこそ，放送法が，放送事業者が表現の自由の一内容として放送の自由を享受する主体であることを前提とした上で，同法1条2号において，同法の目的のひとつとして，「放送の不偏不党，真実及び自律を保障することによって，放送による表現の自由を確保すること。」と規定して放送による表現の自由が保障されることを明らかにし，その上で，同法3条において，放送における表現の自由等を確保するため，放送番組については，「法律に定める権限に基づく場合でなければ何人からも干渉され，規律されることがない。」として放送番組編集の自由を，さらには，同法11条において，「放送事業者は，他の放送事業者の同意を得なければ，その放送を受信し，放送をしてはならない。」として，放送事業者の任意の同意がない限り，他の放送事業者はその放送を受信し再放送をすることができないものとし，憲法上保障された放送の自由の内実を明示することによって，同法が戦後における放送の民主化という時代の要請を具現化しているのである。

このように放送法は，放送事業者の放送の自由やこれに基づく放送番組編集の自由を保障しつつ，放送事業の公共性及び公益性，特に，基幹放送事業者が有限で希少な電波を使用して基幹放送を行う事業者であることにかんがみ，その放送の自由を一定の場合に制約して，一定の放送事業者に再放送を義務付け，あるいは再放送を認めることにより，受信者の利益を保護し，放送を最大限に

---

4) 放送の現代民主主義社会における意義については日本放送協会の受信料をめぐる大法廷判決でも次のように判示されているところである。すなわち，「放送は，憲法21条が規定する表現の自由の保障の下で，国民の知る権利を実質的に充足し，健全な民主主義の発達に寄与するものとして，国民に広く普及されるべきものである。放送法が，「放送が国民に最大限に普及されて，その効用をもたらすことを保障すること」，「放送の不偏不党，真実及び自律を保障することによって，放送による表現の自由を確保すること」及び「放送に携わる者の職責を明らかにすることによって，放送が健全な民主主義の発達に資するようにすること」という原則に従って，放送を公共の福祉に適合するように規律し，その健全な発達を図ることを目的として（1条）制定されたのは，上記のような放送の意義を反映したものにほかならない」。最判平成29年12月6日・受信契約締結承諾等請求事件（平成26年（オ）第1130号，平成26年（受）第1440号，第1441号）9頁。

普及させ，その健全な発達を図るという放送法の前記目的を達成しようとするものと解される[5]。

　そして放送法144条3項が，地上基幹放送事業者が再放送に係る同意をしないことについての「正当な理由」がある場合を除き，当該同意をすべき旨の裁定をするものと定める（以下，この制度を「大臣裁定制度」という。）ことの趣旨は，再放送に関する「番組編集上の意図」や「受信者の利益」に含まれる多岐にわたる諸事情を適切に考慮して妥当な裁定がされることを求めるところにある。大臣裁定制度を導入した1986（昭和61）年旧有線テレビジョン放送法の改正法案の国会審議において，政府委員が，「再送信に係る同意をしない正当な理由がある」場合につき，いわゆる「5基準[6]」が一応の判断の目安になる旨の答弁を行っているのも，不適格な有線放送事業者を排除するとともに，再放送により放送番組の同一性や放送事業者のチャンネルイメージといった放送事業者の「番組編集上の意図」が害されたり歪曲されたりしないように配慮しつつ，受信者の利益の保護と調整を図るという趣旨と解される。

|1-2| 「ひのき」事件で提起された問題

　前述のように，放送法144条3項は，再放送に係る同意に関し，同意をしないことにつき，「正当な理由」がある場合を除き，当該同意をすべき旨の裁定がされることとなっている。そして，放送法が放送対象地域内においては，受信者は無償で当該基幹放送事業者の提供する番組を受信することができ，また，

5）ひのき東京高裁判決26頁（第3の1 (1)）。
6）大臣裁定制度が導入された当時の政府答弁において，「再送信に係る同意をしないことにつき正当な理由がある場合」についての「共通する一応の判断の目安」として述べられた，次の5つの基準を指すものである。
　① 放送番組が放送事業者の意に反して，一部カットして放送される場合
　② 放送事業者の意に反して，異時再送信（再放送）される場合
　③ 放送時間の開始前や終了後に，そのチャンネルで別の番組の有線放送が行われ，放送事業者の放送番組か他の番組か混乱が生じる場合
　④ 有線テレビジョン放送の施設が確実に設置できる見通しがない，施設設置の資金的基礎が十分でない等，有線テレビジョン放送事業者としての適格性に問題があるとされる場合
　⑤ 有線テレビジョン放送の受送信技術レベルが低く良質な再送信（再放送）が期待できない場合

同地域内の受信障害区域においては，登録一般放送事業者に対し，地上基幹放送（テレビジョン放送に限る）の再放送義務（旧有線テレビジョン放送法13条1項，放送法140条1項）を負わせている。このことに鑑みれば，大臣裁定制度が現実的に機能する場面は，放送対象地域外における区域外再放送に係る同意においてである。

しかしその一方で，大臣裁定制度によって，区域外再放送の同意が擬制されることは地上基幹放送事業者の放送の自由を一定程度制約することは明らかであり，そうであるとすれば，本来的には，区域外再放送の同意については，原則として，不同意とすべきものとされるはずであり，にもかかわらず，放送法においては，上記の通り「正当な理由がある場合を除き」当該同意をすべき旨の裁定をするものとし，一見同意を原則とするような規定ぶりとなっているのはなぜなのか。これを正しく理解するためには，当該「正当な理由」の解釈はもちろんのこと，このような規定ぶりとなった背景をも含め，その立法経緯を子細に検討し，その背後にある立法者意思を的確に把握することが必要となるのである。

この点が争点となったのが後述の「ひのき」事件である[7]。同事件は，地上基幹放送事業者における再放送に係る同意擬制による放送の自由との抵触が問題となった事案であった。本章では，この点について，地上基幹放送の放送対象地域外において，ケーブルテレビ等の一般放送事業者により再放送が行われることによって当該地域外において便益を受ける受信者の利益との関係を再検討を行い，放送法に規定される放送の自由を再定義することを目的とする[8]。これを論ずべき必要性は，特に，旧有線テレビジョン放送法に総務大臣（郵政大臣）の裁定制度が立法された1986（昭和61）年当時から，再放送をめぐる諸情勢は，社会経済面及び技術面において大きく変化しており，有線テレビジョ

---

[7] 東京高判平成29年12月7日（ケーブル・テレビ区域外再送信同意事件）（平成27年（行ケ）第34号，判例集未登載）。以下，本件を「ひのき事件」と称し，本東京高判を本判決と称する。

[8] ひのき事件に関連する訴訟として，東京地裁平成28年（ワ）第28925号損害賠償請求事件がある。これは，一般社団法人日本テレビジョン放送著作権協会（JASMAT）によるひのきに対する著作権使用料等に係る損害賠償請求であるが，本稿では検討を省略する。

第**8**章　放送の自由と受信者の利益　　183

ン事業はもはや揺籃期にあるとはいえず，全国的な規模の有線テレビジョン放送事業者も現れており，遠隔地への再送信が，技術的にも経済的な費用の面でも困難でなくなった[9]にもかかわらず，基幹放送事業者の放送の自由を制限してまで区域外再放送を認める必要があるのかという点にかかわるものである。本稿は，ひのき事件の評釈を企図するものではないが，同事件を紹介することで，上記の問題の所在を敷衍することにしたい。

第2節　ひのき事件

|2-1|　事案の概要

本件は，徳島県板野郡松茂町（徳島県内の市町村については，以下，市町村名のみを記す。）及び北島町の各全域並びに上板町の一部区域を業務区域とする2011（平成23）年6月30日廃止前の有線テレビジョン放送法（以下「旧有線テレビジョン放送法」という。）所定の有線テレビジョン放送事業者である原告（以下，単に「ひのき」ということがある。）が，滋賀県，京都府，大阪府，兵庫県，奈良県及び和歌山県（以下「近畿広域圏」という。）を放送対象地域とする放送事業者である讀賣テレビ放送株式会社（以下「讀賣テレビ放送」という。）のテレビジョン放送を受信し再送信するため，讀賣テレビ放送に同意を求めたものの当事者間の協議が調わないとして，旧有線テレビジョン放送法13条3項に基づき，総務大臣の裁定を申請したのに対し，総務大臣が松茂町及び北島町の区域については同意をすべきであるが，上板町の区域については同意しなければならないとは認められない旨の裁定（以下「本件裁定」又は「不同意裁定」という。）を行ったことから（なお，旧有線テレビジョン放送法に基づく大臣裁定申請については，放送法等の一部を改正する法律（平成22年法律第65号）附則5条2項により，同法による改正後の放送法（以下「放送法」という。）144条1項の規定

---

9) この点は，電波監理審議会によって認定されている（本件決定書第3の1 (5) 23および24頁）。

による，再放送に係る同意に関する総務大臣の裁定の申請とみなされる。），原告が，本件裁定のうち上板町の区域について同意しなければならないとは認められないとする部分（以下「本件不同意裁定部分」という。）を取り消し，同区域について異議申立人の再放送に同意をしなければならない旨の裁定を求める旨の異議申立て（以下「本件異議申立て」という。）を行ったところ，総務大臣が本件異議申立てを棄却する旨の決定（以下「本件決定」という。）[10]をしたため，原告が，被告に対し，本件不同意裁定部分及び本件決定は放送法144条の解釈適用，事実認定を誤った違法なものであるなどと主張して，本件決定の取り消しを求めた事案である。[11]

不同意裁定の主な理由はテレビの「放送の地域性に係る意図」の侵害の程度と，その放送の再放送に係る上板町の「受信者の利益」の程度を比較衡量した総合的な判断として，「放送の地域性に係る意図」の侵害の程度が放送事業者の受忍限度の範囲内にあるとはいえないとして，再放送に同意しない「正当な理由」があると認められるとした点にある。

これに対する原告の請求原因は，総務大臣が行った一部不同意の裁定は，「正当な理由」がないにもかかわらず，不同意を認めた点で違法・不当であり，当

---

10) 電気通信紛争処理委員会が，答申において，「区域外再放送については，放送法第91条に基づく基幹放送普及計画において，地上基幹放送の放送対象地域は各県の区域を原則とするものであること，また，地上基幹放送については，放送事業者の構成及び運営において地域社会を基盤とするとともにその地上基幹放送を通じて地域住民の要望にこたえることにより，地上基幹放送に関する当該地域社会の要望を充足することが基本的事項として規定されていること等に鑑み，受信者にとって自らの生活等に必要な区域外の地域情報を取得する具体的な利益が認められない場合には，再放送に係る同意を行わない『正当な理由』があるもの」とし，再放送ガイドライン（後掲）における「放送の地域性に係る意図」の侵害の「判断に当たり，侵害の具体的内容を説明することは求められていない」としており，総務大臣はこれを基に本件裁定を行った（本件決定書第3の2（4）26頁）。

11) 本件の経緯は以下の通りである。①2006（平成18）年頃，ひのきから讀賣テレビ放送に対して同意のための協議を始めたが，その後両者の協議は不調に終わった。②2011（平成23）年10月20日，裁定申請の拒否処分が下された。③同年11月7日，異議申立ての提起，④2012（平成24）年12月5日，異議申立てに対し裁定手続きに入る旨の決定が行われた。⑤2013（平成25）年1月30日，電気通信紛争処理委員会に諮問され，⑥同年6月26日，電気通信紛争処理委員会より答申が行われた。⑦同年7月23日，大臣裁定が下された。⑧2013（平成25）年8月9日，異議申立てが提起された。⑨同年8月28日，電波監理審議会に異議申立ての付議がなされた。⑩2015（平成27）年2月18日異議申立てを棄却する決定案の議決が行われ，⑪同年2月25日，異議申立てを棄却する決定が行われた。そして⑫同年6月2日，ひのき側によって取消訴訟が提起された。

第8章　放送の自由と受信者の利益　　185

該裁定を追認した異議申立てに対する棄却決定についても，違法・不当だとした点にある。

|2-2| 争 点

　原告（ひのき）側は，大要次のように主張した。第一に，総務大臣が「正当な理由」を判断するにあたり，過去の判断基準及び裁定例に反し，区域外再放送について「放送の地域性に係る意図」を加えていること。第二に，「正当な理由」の存否の基準として，新たに隣接性という地理的制限を設け，放送対象地域に隣接していないとの理由で「正当な理由」を認めたこと。第三に，異議申立ての審理に当たっては，法令に基づき判断すべきところ，ガイドライン及び電気通信紛争処理委員会の答申の解釈に基づいていること，である。

　これに対し，被告（総務省）側は次のように反論した。第一に，基準の追加は法律の定めの予定するところであり，立法時の基準はそもそも例示列挙である。第二に，判断基準は総務大臣の裁量の範囲内であり，第三に，「有線テレビジョン放送事業者による基幹放送事業者の地上基幹放送（テレビジョン放送に限る。）の再放送の同意に係る協議手続及び裁定における「正当な理由」の解釈に関するガイドライン」（以下，「再放送ガイドライン」という。[12]）の策定・公表による基準の取扱いの変更は適法・妥当であり，その内容は合理的である。

　さらに原告は取消訴訟において，① 同意裁定の原則に反し，「放送の地域性に係る意図」の侵害と「受信者の利益」を比較衡量し，前者の優越を認めたこと，② 「正当な理由」が存在しないことの立証責任について，総務大臣から有線放送事業者に転嫁し，総務大臣は具体的な立証をしなくてよいとしたこと，③ 讀賣テレビ放送が「放送の地域性に係る意図」の侵害について，具体的な立証をしていないにもかかわらず，区域外再放送という理由のみで「放送の地域性に係る意図の侵害」を認め，「正当な理由」に当たるとしたこと，④ 不同意区域において讀賣テレビ放送以外の近畿広域圏の放送は再放送されていること

12）2008（平成 20）年 4 月策定，2011（平成 23）年 7 月一部改定。

とを理由として，讀賣テレビ放送を視聴する「受信者の利益」を否定したことは，違法・不当であると主張した。これに対して，被告は，①「同意裁定の原則」を裏付けるような立法事実はなく，同意裁定は，基幹放送事業者の「表現の自由」の制限を正当化するだけの「受信者の利益」が必要である。②「正当な理由」は「放送の地域性に係る意図」と「受信者の利益」を比較衡量して総合的に判断したものであり，不当・違法なものではない。③区域外再放送であれば，「放送の地域性に係る意図」の侵害は，現行の放送法制上，当然に，一応認められるものである。④上板町は，放送対象地域に隣接する鳴門市にも隣接せず，近畿広域圏との「地域の関連性」が小さく，「正当な理由」を否定するほどの「受信者の利益」は認められない。

|2-3| 判　旨

　以上の原告・被告の主張に対して，本判決は次の①ないし④のとおり判示し，本件決定を取り消すべきものと判断した。

　① 大臣裁定制度の趣旨は，再放送に関する「番組編集上の意図」や「受信者の利益」に含まれる多岐にわたる諸事情を適切に考慮して妥当な裁定がされることを求めるところにある。大臣裁定制度を導入した 1986（昭和 61）年旧有線テレビジョン放送法改正法案の国会審議において，政府委員が，「再送信に係る同意をしない正当な理由がある」場合につき，いわゆる「5 基準」が一応の判断の目安になる旨の答弁を行っているのも，不適格な有線放送事業者を排除するとともに，再放送により放送番組の同一性や放送事業者のチャンネルイメージといった放送事業者の「番組編集上の意図」が害されたり歪曲されたりしないように配慮しつつ，受信者の利益の保護と調整を図るという趣旨と理解されるのであって，放送法 144 条 3 項の解釈として合理的なものというべきである。[13]

　② 地域免許制は，放送対象地域を画定し，当該地域内における難視聴解消

13）本判決 27 ないし 29 頁。

努力義務等と排除的・独占的な電波利用を認める制度であって，地域免許制が採用されていることから直ちに放送事業者が自らの放送対象地域以外の地域において無断で放送されないことが保障されているとはいえない。「番組編集上の意図」の一環として「放送の地域性に係る意図」があり得るとしても，大臣裁定制度においては，もともと，それが一定程度制約されることは当然に予定されているものといわざるを得ない。5基準が「再送信に係る同意をしない正当な理由がある」場合の「一応の判断の目安」にすぎないとしても，旧有線テレビジョン放送法の改正法案の審議において，政府委員が「放送の地域性に係る意図」について何ら言及していないのは，「放送の地域性に係る意図」はその制約が当然に予定されているものであって，「正当な理由」の判断において考慮すべき重要な要素ではないとの理解に立つものとみることができる。[14]

旧有線テレビジョン放送法に大臣裁定制度が立法された1986（昭和61）年当時から，再放送をめぐる諸情勢が社会経済面及び技術面において大きく変化している事実があるからといって，放送法が定める大臣裁定制度の趣旨が基本的に変わるものではなく，「正当な理由」の有無の判断にあたり「番組編集上の意図」として，「放送の地域性に係る意図」を重要な要素として考慮することが合理的であるとは認められない。

③したがって，「正当な理由」（放送法144条3項）の有無を判断するに当たり，放送対象地域以外における再放送について，基幹放送事業者が受忍すべき，通常生ずる程度の事情をもって「放送の地域性に係る意図」が侵害されたものとしたり，基幹放送事業者が放送対象地域の制度に則って放送事業を行っていること自体から当然に「放送の地域性に係る意図」の侵害があると認めたりし，これを前提に「受信者の利益」として受信者が放送対象地域外の放送を視聴することによる具体的な利益が示されなければ再放送に係る同意をしない「正当な理由」が肯定されると判断することは，放送法144条3項の解釈・適用を誤った違法なものであるといわなければならない。[15]

14）本判決29及び30頁。
15）本判決30及び31頁。

④ 本件不同意裁定部分及び電波監理審議会が議決した本件決定案は，放送対象地域以外における再放送の場合に基幹放送事業者が受忍すべき，通常生ずる程度の事情をいうにすぎない讀賣テレビ放送の主張をもって「放送の地域性に係る意図」が侵害されたものと判断し，これを前提に，「受信者の利益」として受信者が放送対象地域外の放送を視聴することによる具体的な利益が示されなければ再放送に係る同意をしない「正当な理由」の存在が肯定されるとして，このような観点から，「放送の地域性に係る意図」と「受信者の利益」とを比較衡量したものであり，放送法 144 条 3 項の解釈・適用を誤ったものであるばかりか，事実に対する評価にも誤りがあり，その判断は合理性を欠くものといわざるを得ない。[16]

第3節 基幹放送事業者の役割と放送の自由

|3-1| はじめに

　そもそも，地上基幹放送事業者（ここでは，本稿で登場する讀賣テレビ等，ハードとソフトの一致型である「特定地上基幹放送事業者（放送法 2 条 22 号）」を念頭に置く）が有する放送の自由は，地域免許制の下，放送対象地域内の排他的・独占的な電波利用が認められていることのいわば代償として，後述のように，同地域内の放送について種々の義務を負うという放送法上の規律の下に存在するものであり，地上基幹放送事業者は，本来的に，当該放送対象地域内において放送することを意図して放送番組を制作・編集し，これを放送することにより，放送による表現の自由を全うすることができるものである。いわゆる再放送ガイドラインが再放送同意を否定するための「5 基準」の中において，自らの意図せざる内容・時間での放送をしない若しくはさせられないことを挙げているが，内容はいうに及ばず，意図せざる「時」だけでなく，「場所」も当然

16）本判決 38 頁。

第8章　放送の自由と受信者の利益　189

含まれるというべきである。すなわち，地上テレビ放送事業者である特定地上基幹放送事業者の放送の自由は，憲法上，自らが意図する内容を放送番組として編集し，意図する時に，意図する場所で，当該放送番組を放送する，又は意図せざる内容・時・場所での放送をしない若しくはさせられないという放送の自由を保障されている。これはひのき事件で総務省が説くところであり，この[17]基幹放送事業者の放送の自由に基づいて，再放送ガイドラインにおいては，「放送の地域性に係る意図」として，広く国民に向かって表現（放送）されている放送番組を自らの放送対象地域以外では見られたくないという消極的な意図として説かれているところである。また知的財産権の側面からいえば，放送事業者は当該番組につき再放送権及び有線放送権（著作権法99条1項）等の著作隣接権，著作権及び著作者人格権を享受する立場にある。このように「広く国民に向かって放送されている放送番組を自らの放送対象地域以外では見られたくない」という自由も憲法によって認められる放送の自由の一内実と捉え得るならば，その分，衡量されるべき受信者の利益の衡量は縮減し，受信者にとって自らの生活等に必要な区域外の地域情報を取得する具体的な利益が認められない場合には，再放送に係る同意を行わない「正当な理由」があるものとすることは妥当であるといわなければならない。このように考える所以は，以下のように，放送法における基幹放送事業者の特別の役割に着目するからである。すなわち，基幹放送は，放送法上，放送が国民に最大限に普及されてその効用をもたらすとともに，民主主義の健全な発達に寄与するために（同法1条），国民が日常生活及び社会生活を営むに当たり，必要な情報を提供し，基本的情報の共有を促進するなどの社会的な役割の実現を確実かつ適正に図るために確保する無線の放送であると位置づけられている。このように，一般放送とは異なり，その社会的役割が確実に果たされるように，次節で述べるように，さまざまな規律が設けられているのである。それだけに基幹放送事業者の放送の自由は放送法おいてはとりわけ重視されているものといわなければならない。以下，

---

17) 本判決11頁参照。
18) 電波監理審議会・本件決定が説くところである。

放送法下における基幹放送の位置づけについて放送法上の規定を確認しておく。

|3-2| 放送法下における基幹放送の位置づけ

　放送法は，91条において，基幹放送の上記の社会的な役割の確実かつ適正な実現を図る見地から，「総務大臣は，基幹放送の計画的な普及及び健全な発達を図るため」，総務相告示「基幹放送普及計画」[19]による規律を定め，これに基づき必要な措置を講ずるものとしている。また，基幹放送局の置局や基幹放送の業務を行おうとする者に対しては，電波法の諸規定や放送法93条1項各号における厳格な要件審査の下での総務大臣の認定を受けさせる仕組みとしている。このほか，番組編集上の制約としても，放送法4条が定める番組編集準則とは別に番組調和原則（同法106条1項）を求め，災害時放送（同法108条），学校向け放送における広告制限（同法109条），番組供給に関する協定制限（同法110条）等の規律を置いているのである。

　我が国の放送法制においては，基幹放送普及計画において，放送の多元性・多様性・地域性を確保することを企図して，基幹放送の区分ごとに放送対象地域が定められている（放送法91条2項2号）。そして，放送法は，地上基幹放送については，同地域内における地上基幹放送事業者の排他的・独占的な電波利用を認める一方で，地上基幹放送事業者に対して，放送対象地域内における難視聴解消努力義務を課している（同法92条）。また，総務大臣の指定を受けたケーブルテレビ事業者に対しては，その業務区域内にある受信障害地域において，当該地域を放送対象地域とする地上基幹放送の再放送義務を課し（同法140条1項），放送対象地域内において地上基幹放送が十分に受信されることを担保する地域免許制を採用している（同法94条1項2号，3項5号）。地上基幹放送事業者には，かかる地域免許制の下において，地域社会を基盤とした放送事業者として，上記の放送の地域性の確保に資する役割が法律上期待されている。このことは，①基幹放送普及計画（旧放送普及基本計画）においても，そ

19）昭和63年郵政省告示第660号。

第8章　放送の自由と受信者の利益　　191

の冒頭において，「我が国の放送は，全国的普及を義務付けられている日本放送協会（以下「協会」という。），大学教育のための放送を行う放送大学学園法（中略）第3条に規定する放送大学学園（以下「学園」という。）及び原則として地域社会を基盤として放送を行う一般放送事業者により行うこととされている。[20] このような体制の下で，放送が国民に最大限に普及されてその効用をもたらすとともに健全な民主主義の発達に資するためには，放送に関する技術の発達，需要の動向，地域の諸事情等を踏まえるとともに，各種放送メディアの特性並びに協会，学園及び一般放送事業者の特質が十分発揮されるようにし，また，放送による情報の多元的な提供及び地域性の確保並びに地域間における放送の普及の均衡に適切に配慮しつつ，放送の計画的な普及及び健全な発達が必要である。」とされ，また，②放送法91条2項1号の基幹放送普及計画に定めるべき「その他基幹放送の計画的な普及及び健全な発達を図るための基本的事項」についても，「地上系による一般放送事業者の放送については，放送事業者の構成及び運営において地域社会を基盤とするとともにその放送を通じて地域住民の要望に応えることにより，放送に関する当該地域社会の要望を充足すること。」とされていることからも明らかである。[21] そして，これらのことは，基幹放送普及計画が地域の自然，経済，社会，文化といった諸事情を勘案して定めるものとされている（放送法91条3項）ことにも沿うものといえる。

　このように基幹放送事業者には，地域社会を基盤とした放送事業者であるという特質を十分に発揮し，地域住民の地元に根ざした要望に応え，当該地域社会の要望を充足するという役割が求められているといえる。

　以上の通り，地上基幹放送事業者は，放送による表現の自由について，放送対象地域を前提とした地域免許制の規律を受けており，免許を受けた放送対象地域において，排他的・独占的な電波利用が認められる一方，当該放送対象地

---

20) 旧放送法3条の3において規定する日本放送協会及び放送大学学園以外の放送事業者（以下，旧放送普及基本計画の引用において同じ）のことである。

21) 引用にあたり，現行放送法に合わせ旧放送普及基本計画における「放送」を「基幹放送」，「一般放送事業者」を「民間基幹放送事業者」などと改めた。

域内において難視聴解消努力義務が課されるなど一定の規律を受け当該地域社
会の要望に応答することも求められているのである。すなわち，地上基幹放送
事業者が有する放送による表現の自由等は，放送対象地域内の排他的・独占的
な電波利用が認められることのいわば代償として，同地域内の放送について一
定の義務を負うという規律の下に存在するものであり，地上基幹放送事業者は，
本来的に，当該放送対象地域内において放送することを意図して放送番組を制
作・編集し，これを放送することにより，放送による表現の自由を全うするこ
とが予定されているのである。本判決のいうように，地域免許制が採用されて
いることから直ちに放送事業者が自らの放送対象地域以外の地域において無断
で放送されないことが保障されているとはいえないとしても，地上基幹放送事
業者の番組の制作・編集も，先に述べた放送対象地域における放送活動を前提
として行われるものである以上，当該放送対象地域外における再放送を強いる
ということ自体，放送事業者の意図せざる場所における放送として，地上基幹
放送事業者の表現の自由等との抵触の危険性をはらむものである。

　そうすると，地上基幹放送事業者には，放送対象地域が画された地域免許制
による規律の下，自らの放送対象地域での放送活動を全うすることが放送法上
予定されることの帰結として，放送対象地域外という自らの意図せざる場所に
おいて放送を強制されることのない自由という意味の放送の自由が放送法の下
で保障されているものというべきではあるまいか。そして，以上に述べた基幹
放送の趣旨を前提とすれば，再放送について，放送事業者の同意に係らせてい
る放送法11条の定めは，これを地上基幹放送事業者の側からみれば，単に当
該地上基幹放送事業者の番組編集上の意図という放送の個別具体的内容に即し
た表現の自由を保障するのみならず，当該地上基幹放送事業者が放送対象地域
外において再放送を強いられることがないという，放送の地域性に係る意図の
保障をも包含する趣旨の規定であると解されるのである。

　その一方で，このような立論に対しては，2つの方面からの批判・反応があ
りうるところである。第一は，経済的観点ないし実体面からの批判である。す
なわち，民放キー局による系列が存在していることに鑑みれば，「放送の地域

性」をことさらに強調することは，実態と大きく矛盾することになるという反論もあろう。地方（民放チャンネルの少ない地域）の視聴者が欲すること，すなわちケーブルテレビ事業者のセールスポイントは，都会のチャンネルが見られることである。都会のチャンネルといっても，当該都会の独自情報ではなく，多くのチャンネルが割り当てられている地域では視聴できるが，当該地方では視聴できないチャンネルであろう。日本国内の多くの地域で視聴できるチャンネルを人並みに視聴したいという欲求であろうから，もはや「地域性」に重点を置く表現の自由の問題ではないという議論はありうる。むしろ，同一業態の無線放送の再放送とは異なり，異種業態（無線放送と有線放送）間の経済問題として扱う方が適当ではないかというのも一理ある。要は，お互いにビジネスとして再送信しているのだから，しかるべくコンテンツの対価を取ればいいのではないか（いわゆる番販）という議論である。こうした経済的観点に重きを置いた議論についてはさらに実態を含めた綿密な検討を要するので，その点はここでは保留したい。

　第二の批判は，放送の自由のとらえ方に対する批判である。本稿では，放送対象地域制度を前提にして，基幹放送事業者は，地域住民の要望に応え，当該地域社会の要望を充足する役割が求められていると指摘したように，放送の自由を機能的に把握している。そうであれば，放送対象地域外での再送信により，放送対象地域内の住民の要望に応えることができないのであれば格別，そうした事情がないとすると，再送信は放送の自由の本質的な侵害にならないのではないか，というものである。これに対しては，本稿は，主観的自由としての地上基幹放送事業者の表現の自由の侵害として構成しているため，機能的にとらえてもなお，地上基幹放送事業者の表現の自由の抵触の問題は生じうると考えている。

第4節 大臣裁定制度の立法者意思

|4-1| 問題の所在

　放送法上，地上波放送局の同意を得なければ，当該放送局の放送番組を再放送してはならない（放送法11条，再放送同意制度）。そして，ケーブルテレビ事業者と地上波放送局との間で再放送同意について協議が調わないとき等は，当事者は，電気通信紛争処理委員会に対してあっせん申請をすることができる（同142条，あっせん制度）。ケーブルテレビ事業者と地上波放送局との間で再放送同意について協議が調わないとき等は，ケーブルテレビ事業者は，総務大臣に対して裁定の申請をすることができる（同144条，大臣裁定制度）。大臣裁定制度においては，総務大臣は，当該基幹放送事業者がその地上基幹放送の再放送に係る同意をしないことにつき正当な理由がある場合を除き，当該同意をすべき旨の裁定をするものとされている（144条3項）。

　しかし，なぜ大臣裁定制度によって，区域外再放送の同意が擬制されているのであろうか。というのも，区域外再放送の同意擬制が，地上基幹放送事業者には，地域免許制による規律の下，放送対象地域外という意図せざる場所において放送を強制されることのないという意味での放送の自由が放送法の下で保障されていることと矛盾するように思われるからである。このことを解明するためには144条3項の立法者意図を解明することが不可欠となる。そもそもかかる放送の自由が基幹放送事業者に存在するにもかかわらず，放送法144条3項において同意を原則とするような規定ぶりとなっていいのか。この趣旨を正しく理解するためには，このような規定ぶりとなった背景をも含め，その立法経緯を子細に検討し，その背後にある立法者意思を的確に把握することが必要となる。

|4-2| 大臣裁定制度の制定経緯

　放送法144条3項の大臣裁定制度は，旧有線テレビジョン放送法下で昭和

61年に新設された裁定制度を沿革とする制度であり、再放送の同意をめぐる紛争解決に係る「あっせん」の制度に代替するものとして導入が図られたものである。その後、大臣裁定制度は、2010（平成22）年放送法改正により、放送関連四法（旧放送法、旧有線ラジオ放送法、旧有線テレビジョン放送法、旧電気通信役務利用放送法）が統合されたことに伴い、旧有線テレビジョン放送法13条3項ないし8項の裁定に関する規定が放送法に引き継がれている。

そして、旧有線テレビジョン放送法の1986（昭和61）年改正において大臣裁定制度が新設された背景として、当時、高度情報化社会における放送の重要な担い手として期待されたケーブルテレビを普及させるとともに、基幹放送が十分に普及するまでの間、ケーブルテレビによって基幹放送の区域外再放送をさせることにより、基幹放送の補完的役割を担わせるという2つの公共の利益が存したものである。

このように、大臣裁定制度はケーブルテレビの普及により放送が国民に最大限に普及されて、その効用をもたらすという法の目的を実現しようとしたものであるということができる。

第一に、旧有線テレビジョン放送法は、都市の人為的難視聴問題等を背景にケーブルテレビが開発・普及されつつあった1971（昭和46）年にケーブルテレビの健全な発達を図ることを目的として成立した法律であるところ、1986（昭和61）年の大臣裁定導入の際にも、ケーブルテレビ事業振興という要請が明確に存したものであり、これが制度導入のひとつの理由となっている。

すなわち、ケーブルテレビは、1986（昭和61）年当時にあっては、有線で送信するという性質上、多チャンネルで双方向通信サービスを提供する新しい公共的メディアとして、高度情報化社会において重要な役割を果たすことが期待されるとともに、1988（昭和63）年春以降に予定されていた衛星通信サービスの開始に伴う「多チャンネル化時代」において、通信衛星から送られる番組を受信して放送し、国民の多チャンネル化の要望に応える番組供給先として大きく期待されるなど、「放送が国民に最大限に普及されて、その効用をもたらす」（放送法1条）法の目的を実現する担い手として、その振興及び成長が期待され

る媒体であった。

　ところが，ケーブルテレビは，設備産業として巨額の初期投資が必要である一方で，加入者の獲得には長期間を要するため，資金調達に困難が伴う産業であり，1986（昭和 61）年当時には，市町村を基本的な単位として限られた地域で活動する難視聴区域の解消を主な使命とする地域密着型のメディアとして機能はしていたが，その普及率は依然として低く，地上基幹放送の再放送を基本的な番組ソフトとし，再放送業務なしではケーブルテレビの円滑な事業運営は困難であるなど，その経営基盤は非常に脆弱な状況であった。

　すなわち，1985（昭和 60）年 3 月末時点におけるケーブルテレビの受信契約者数は約 427 万世帯で，テレビ受信世帯数（約 3,106 万世帯）の約 14 パーセントと普及率が低く，旧有線テレビジョン放送法において，大臣裁定制度が設けられた当時，ケーブルテレビは，揺籃期にあった。[22)]そのため，ケーブルテレビ事業者の経営を安定ならしめ，健全な発達を実現する必要があったのである。この点，地上基幹放送の再放送を基本的な番組ソフトとしていたケーブルテレビ事業者にとって顧客を獲得する最大の要因は，地上放送，しかも区域外の都市圏の地上波テレビ放送が見られるということであり，その再放送は事実上，大きなメリットとなる。このことから，再放送同意が円滑に行われるか否かは再放送業務に依拠したケーブルテレビ事業者の死活問題であって，ケーブルテレビ事業の経営の安定及び健全な発達の実現のためには，再放送同意の取得が円滑に行われることが望ましいと考えられたのである。しかしながら，大臣裁定制度導入以前における「あっせん」の制度は（旧有線テレビジョン放送法 13条 3 項及び 4 項），両当事者に対する法的拘束力を有していなかった。そもそも，再放送そのものに同意しかねるというように入口の段階で調整不能となる事態が頻発する状況に陥っており，再放送同意に係る紛争解決スキームとしては有効に機能し得ない状況にあった。このような状況の下，ケーブルテレビ事業者の経営を安定させ，健全な発達を実現する観点から，「あっせん」に代替する

---

22) 以上につき，第 104 回国会逓信委員会（昭和 61 年 4 月 17 日）における郵政省政府委員答弁を参照（衆議院会議録情報第 10 号）。

第8章　放送の自由と受信者の利益　　197

制度として，郵政大臣（当時）の判断に法的拘束力が生じることになる大臣裁定制度が導入されたのである。そして郵政大臣が当事者の一方の申し立てに基づき，当事者双方の意見を十分に聴取した上で，争いの円滑かつ適切な解決を図ることとされたものである。[23]

　このように，地上基幹放送事業者の放送の地域性に係る意図を制約する大臣裁定制度が設けられた立法趣旨としては，「放送が国民に最大限に普及されて，その効用をもたらす」という放送法の目的を実現するため，高度情報化社会において重要な役割を果たすことが期待されたケーブルテレビを普及させるという公共の利益を実現しようという要請があったとみることができるのである。

　加えて，大臣裁定制度の導入当時においては，ケーブルテレビには基幹放送が十分に普及するまでの代替手段としての役割が期待されていたことにも留意されるべきである。すなわち，我が国においては，テレビジョン放送の全国普及を目指すための放送用周波数の割当てに関する計画として，1956（昭和31）年2月に「テレビジョン放送用周波数の割当計画基本方針」が，同年6月には「テレビジョン放送用周波数の割当計画（チャンネルプラン）」が，それぞれ決定されていた。チャンネルプランにおいては，周波数が放送対象地域ごと，すなわち，東京，大阪及び名古屋など大都市圏では広域，その他の地域では県域ごとに割り当てられることとされ，このようなチャンネルプランに基づき，放送局開設の申請者に対し，具体的な周波数割当てが行われていた。

　しかしながら，その後，地域間のいわゆる置局格差の問題が生じ，その是正を求める要望があったことから，1982（昭和57）年10月には「テレビジョン放送用周波数の割当計画基本方針」が改定され，「全国各地域における受信者

---

23) このような立法経緯は，旧有線テレビジョン放送法改正に係る参議院通信委員会の審議（第104回国会通信委員会（昭和61年5月13日）（参議院会議録情報第10号）において，「事実上のあっせんで争いが解決しないという案件は，いずれも再送信の方法などについて具体的な事柄をめぐって話し合いがまとまらないというようなことよりも，むしろ再送信そのものに同意しかねるというように，入り口の段階で手詰まりの状態になっているというものでございます。したがって，問題を解決させるためには，法的な効果とか拘束力のある裁定の制度といったことを取り入れまして，これを後ろ盾として取り組むことがどうしても必要であるというふうに判断したわけでございます。」との政府委員の答弁から示されているところである。

の受信機会の平等を実現することを目途として，周波数事情，放送事業存立の基盤となる経済力，放送需要等を勘案し，周波数の割当てを行うものとする。」と改められた。さらに，1986（昭和61）年1月には，上記の「全国各地域における受信者の受信機会の平等を実現すること」に加えて，「(最低4の放送の受信が可能となること)」が追記され，いわゆる「全国4波化」政策として，全国各地にテレビジョン放送用の周波数を4つ確保する方針が定められた。なお，現在，基幹放送普及計画では，「一般放送事業者の放送については，総合放送4系統の放送が全国各地域（中略）においてあまねく受信できること。ただし，全国の主要地域において行う一般放送事業者の放送については，5系統以上の放送が各主要地域においてあまねく受信できること。」とされ，「放送が国民に最大限に普及されて，その効用をもたらす」という放送法の目的を実現するため，民間基幹放送事業者の放送について，全国4波化政策が採用されているところ，このような現行下の政策も，以上の経緯がそのまま引き継がれたものである。

　上記の通り，1986（昭和61）年1月から，民間基幹放送事業者による基幹放送の「全国4波化」政策が採用されたものの，その実現は，基幹放送局の置局，基幹放送の業務の基盤となる地域の経済力にも左右されるものであり段階的に行わざるを得ず，実現にはなお相当の年月を要するものであり，この代替策が検討される必要があった。しかしながら，前述の通り，我が国の放送法制は，地域免許制（通常，「放送区域」という場合，これは原則として県域単位と理解されるが，厳密には施設免許であり，親局，各中継局のカバーエリアの集合体が当該放送会社の放送区域であって，県域とは異なる概念である）を採用しており，地上基幹放送事業者は，免許を受けた放送対象地域内においてのみ放送を行うことが制度として想定されているものであることから，他の放送対象地域の地上基幹放送事業者において，基幹放送局が十分に置局されていない放送対象地域に基幹放送をするといった代替策を講じることはできない状況にあった。そのため，これを補完する主体として，地上基幹放送（テレビジョン放送に限る）の受信障害区域における再放送義務（旧有線テレビジョン放送法13条1項，放送法140

条1項）を負うとともに，基幹放送事業者の同意を得て区域外再放送を行うことで業務区域における受信者の4波化に対する需要に応えていたケーブルテレビ事業者に，全国4波化政策における総合放送4系統の視聴を可能とするための補完的な役割を担わせることとしたものである。大臣裁定制度は，基幹放送が十分に普及されるまでの代替手段としてケーブルテレビの当該補完的役割を担わせるという要請が存したものであり，これは当時の政府委員答弁からも明らかである。[24)]

|4-3| まとめ

以上の通り，旧有線テレビジョン法制下において大臣裁定制度が設けられた立法経緯として，「放送が国民に最大限に普及されて，その効用をもたらす」という放送法の目的を実現するため，高度情報化社会において重要な役割を果たすことが期待されるケーブルテレビを普及させるという公共の利益や，全国4波化政策における総合放送4系統の視聴を可能とするための補完的役割をケーブルテレビ事業者に担わせるという公共の利益を実現する現実的な要請が存したものである。その上で，再放送同意に係る協議が円滑に行われていない実情をも踏まえ，同意をしないことにつき「正当な理由」がある場合を除き，原則として当該同意をすべき旨の裁定をするものとして，地上基幹放送事業者の放送の地域性に係る意図を一定程度制約することを是認する大臣裁定制度が設けられたものである。このように大臣裁定制度は，揺籃期にあるケーブルテレビの振興及び無線放送普及の補完という当時の設立経緯があり，特に当時の郵政省の考えは，ケーブルテレビの振興策に傾いていたものと思量される。そもそも民・民の争いに対する裁定であるのに，「正当な理由がなければ同意」と

---

24) 旧有線テレビジョン放送法改正に係る参議院通信委員会の審議（第104回国会通信委員会（昭和61年5月13日）参議院議事録情報第10号）においても，「地上の放送が十分に行き渡っていない地域におきまして，もっと多くの番組を見たいという視聴者の要望を受けまして，いわば地上波放送の補完的機能として行われておるというものでございます」，「区域外再送信と申しますのは，地方において地上波の放送が行き渡るまでの間ほかの県の放送をあわせて見たいというものでございまして，その受信者にとっては自己負担ということであるわけでございますので，いわば次善の策としても意味合いをもっておるものでございます。」との政府委員の答弁がされていたものである。

する仕組みにその考えが横たわっている。また「5基準」も単純な事項が列挙されているにすぎない。

しかし今や，ケーブルテレビ事業も確固たる基盤を築いて大規模化が進み，番組利用のフリーライドを許すような過剰な保護を与える必要がない状況となっており，「正当な理由」の解釈に当たっても，このような立法事実の変化を反映させる必要がある。すなわち，区域外再放送という手段を通じて情報需要者に取得させなくても，代替手段により情報を取得することは十分に可能であるといえるのであって，インターネットや携帯電話等が普及するなど情報収集手段が多様化している今日，地上基幹放送事業者の表現の自由を制限してまで，同意裁定を発動すべき立法事実は見当たらないというべきである。[25]

第5節　放送法144条3項の「正当な理由」の解釈

|5-1| 「正当な理由」を解釈する視座

以上の通り，大臣裁定制度による区域外再放送の同意擬制が地上基幹放送事業者の放送の地域性に係る意図を一定程度制約することは明らかである。にもかかわらず，「正当な理由がある場合を除き」当該同意をすべき旨の裁定をするという規定ぶりとなっているのは，放送法の目的を実現するため，高度情報化社会において重要な役割を果たすことが期待されるケーブルテレビを普及させることや，総合放送4系統の視聴を可能とするための補完的役割をケーブルテレビ事業者に担わせるという，放送の地域性に係る意図の制約原理として機能する当時の公共の利益が現実に存したからにほかならない。

そして，上記の「正当な理由」のファクターは，大臣裁定制度の下において，地上基幹放送事業者側における放送による表現の自由と，一般放送事業者（旧放送法下においては旧有線テレビジョン放送法下におけるケーブルテレビ事業者）側における再放送によって受ける利益との抵触を調整するための判断枠組

25)「ひのき」事件の総務大臣裁定（総情域第45号裁定）9頁参照。

第8章　放送の自由と受信者の利益　　201

みとして機能する以上にかかる「正当な理由」の有無を判断するに当たっては，本件決定がいうように，まずもって，地上基幹放送事業者側における放送の地域性に係る意図の侵害に係る諸事情，すなわち区域外再放送によって生じる放送の地域性に係る意図の侵害の程度及びこれに伴う不利益等の程度を十分に考慮することが必要不可欠である。その上で，地上基幹放送事業者に上記の不利益等を甘受させることを正当化するに足りる上記の公共の利益の有無及びその程度を斟酌し，両者の比較衡量により，上記の「正当な理由」の存否が判断されるべきものである。

　すなわち，上記の「正当な理由」を判断するに当たっては，地上基幹放送事業者の放送の地域性に係る意図に対する制約を公共の福祉の観点から正当化する事情として，区域外再放送がされることとなる当該地域における「ケーブルテレビの普及」の程度や，基幹放送の普及に係るケーブルテレビの補完的役割が果たされている程度が斟酌されるべきである。そして，以上の比較衡量の結果として，同地域において，ケーブルテレビが十分に普及している場合や，上記の補完的役割が十分に果たされている場合には，放送の地域性に係る意図の制約を正当化する事情が失われたというべきである。

　このように，上記の「正当な理由」を判断するに当たっては，区域外再放送がなされる当該地域におけるケーブルテレビの普及状況やケーブルテレビにより上記の補完的役割が果たされている程度が斟酌されるべきである。

　また，「正当な理由」が，以上に述べた地上基幹放送事業者側の権利・利益やそれを制約すべき諸々の公共の利益との比較衡量の下に成り立つ判断枠組みである以上，その比較衡量に際して考慮されるべき諸事情の重み付けが，放送事業を取り巻く時々の状況の変化に応じて変容し得ることは，大臣裁定制度の制度設計として当然予定されていたことであったといえる。それゆえ，実際にも，大臣裁定制度導入時の国会審議においても，いわゆる「5基準」が例示列挙であり，放送事業を取り巻く状況の変化によって，「正当な理由」の解釈を柔軟に行うべきことを前提としていた。[20]

　繰返し強調するように，「放送の地域性に関わる意図」も，憲法上保障され

た表現の自由（放送の自由）の一内実であって，この保護の必要性が相対的に低いとしている再放送ガイドラインの「正当な理由」の考え方には何ら法的に合理的な根拠はなく，再放送ガイドラインの考え方のみを重視することは適切ではないし，地域免許制を前提とし，基幹放送事業者に種々の規律と公的義務を課する現行放送法はこのような「放送秩序」に基づいているのである。他面，このように解したとて地元放送事業者等の経営に与える影響等は，地元同意の有無を含め，「正当な理由」の判断に関して考慮されないのであって，再放送同意制度の解釈としては，地元基幹放送事業者の経営基盤の確保といった既存放送事業者の保護を目的とすることは慮外としなければならない。[27]

26) 旧有線テレビジョン放送法改正に係る参議院逓信委員会の審議（第104回国会逓信委員会（昭和61年5月13日）参議院議事録情報第10号）において，森島展一・郵政省放送行政局長（当時）の次の答弁を参照。「申し上げましたこの五つの判断基準と申しますのも，これは一応の目安でございまして，これが非常に弾力性のない基準というふうには考えておりませんで，その個々のケースあるいは時代の進展というようなことで弾力的に考えられるとは思いますが，基本的にこの再送信の同意をしない正当な理由は，放送事業者側の意図が損なわれたり歪曲されたりする，そういうことで判断すべきだと思いまして，その例としてこの五点のうち三つ一応の目安を考えたわけでございますし，また残りの二点は，CATV側が不適格であれば，これは同意をしない正当な理由になるだろう，こういうことでございます。CATVがもし急速に普及するというふうなことがあるとするなればこういう考えでいいのかと，こういう御懸念かと思いますが，CATVは非常に設置のための設備資金が要りますし，建設期間も長くかかるということで，これが大きく発展するということは期待はしておりますけれども，なかなか時間がかかるんではないか，こういうふうに思っております」。

27) ひのき事件に即して言うと，讀賣テレビ放送が，再放送の同意をしない理由として，電波監理審議会が適法に認定した事実（なお，この事実については関係当事者間に争いがない。）によれば，讀賣テレビ放送はもともと区域外再放送はしたくないと考えており，デジタル放送に移行してからはなお一層のこと区域外再放送はしたくないと考えている旨，自らは徳島県について区域外再放送を想定した番組作りはしていない旨，ニュースのローカル枠で徳島県に関するニュースを取り上げたことはない旨，天気予報も徳島県については取り上げず，大雨警報や土砂災害情報が出たとしても徳島県については取り上げない方針で，大地震に関する緊急放送体制のルールを定めた非常災害放送マニュアルの規定も近畿広域圏内の2府4県を対象にしていることなどを示していた（本件決定書第3の4（2）30および31頁），さらに自社の系列局である四国放送の利益保護の観点もあったようであるが（ひのきの再放送同意申込みに対して，讀賣テレビは当初から「系列局である四国放送との兼ね合いがある」と主張していたようである。総務大臣裁定6頁参照。），仮にそうした意図ないし背景があったとしても，そうした事情は電波監理審議会が適法に認定した事実（かつそれは実質的証拠法則の及ぶ事実でもある。）の外にあり，ここでは検討対象とすることはできない。しかしその一方で，民放キー局による系列が存在していることに鑑みれば，系列局への配慮の問題を等閑視するのは，キー局による系列化の現実を殊更に無視する建前議論の印象が拭いきれないのもまた確かである。

|5-2| 「受信者の利益」をめぐる議論

　では，区域外再放送による「受信者の利益」が上記の比較衡量においていかに位置づけられるであろうか。この点について，伝統的には「再放送によって実現される『受信者の利益』とは，受信者が自らの生活等に必要な地域情報を取得できることがあると考えられ，総務大臣による裁定では，この受信者利益に関する十分な検討が必要である」とされているところである。[28]この点，ひのき事件では，電気通信紛争処理委員会が，答申において，「受信者にとって自らの生活等に必要な区域外の地域情報を取得する具体的な利益が認められない場合には，再放送に係る同意を行わない『正当な理由』があるもの」とし，再放送ガイドラインにおける「放送の地域性に係る意図」の侵害の「判断に当たり，侵害の具体的内容を説明することは求められていない」としており，総務大臣はこれを基に本件裁定を行った。[29]

　「受信者の利益」の評価根拠事実について，電気通信紛争処理委員会は，その答申において次の点を認定し，電波監理審議会もこれを是認している。すなわち，「放送対象地域に隣接する市町村に『準ずる』市町村といえるか否かにより，再放送の同意をしないことの『正当な理由』を否定するだけの受信者の利益の有無を区別し，松茂町・北島町と上板町とで異なる裁定を行うべきもの」としており，総務大臣はこれを基に本件裁定を行ったこと，[30]上板町が讀賣テレビ放送の放送対象地域である近畿広域圏に隣接しておらず，同放送対象地域に隣接する徳島県鳴門市にも隣接していないこと，[31]原告の業務区域と讀賣テレビ放送の放送対象地域との間の通勤通学等人の移動状況，両地域間の経済的取引状況，電波のスピルオーバーの状況，その他両地域間の関連性を示す要素，[32]上板町においては，日本放送協会（NHK），県域放送の四国放送のほか，近畿広域圏の毎日放送，朝日放送及び関西テレビ放送並びに近畿の県域放送であるテ

28）金澤・前掲書，361頁。
29）本件決定書第3の2（4）26頁。
30）本件決定書第3の3（2）第1段落・2頁。
31）本件決定書第3の3（2）第2段落・28頁。
32）本件決定書第3の3（3）第2段落・29頁及び本件裁定の裁定書第2の4，16ないし18頁。

レビ大阪，サンテレビジョン及びテレビ和歌山について，原告のCATVサービス加入者に対する再放送が実施されていること[33]，である。

これらの点について，ひのき事件東京高裁は，放送法の趣旨及び目的からすると，さまざまに異なる価値観が多元的に存在する社会の全ての構成員が豊かで多様な文化・社会生活を送る上で必要な情報を受信する利益には配慮すべきであるから，徳島県内において，讀賣テレビ放送と全く同一の内容の放送が既に行われていることを認めるに足りる実質的証拠がない本件において，讀賣テレビ放送を再放送することによる「受信者の利益」が否定されるものではないとした。その上で，裁判所は，「放送の地域性に係る意図」の侵害に関し，讀賣テレビ放送が再放送に同意しない理由として主張している事情[34]は，いずれも放送対象地域（ママ）における再放送の場合には基幹放送事業者が受忍すべき，通常生じる程度の事情に過ぎず，「放送の地域性に係る意図」の侵害があったとみることは相当でなく，このような観点からは，総務大臣裁定判断「放送の地域性に係る意図」と「受信者の利益」を比較衡量するのは，放送法144条3項の解釈・適用を誤ったものであるとした。具体的には，「正当な理由」の判断に当たり「放送対象地域との隣接性」を考慮し得る場合があるとしても，上板町の「受信者の利益」を否定するに足りる事情があるとまではいえないこと，上記三町と近畿広域圏との通勤・通学等の人の移動の状況や両地域間の経済的取引も，三町において結論を異にするほどに有意な差異は認められず，「正当な理由」の有無を判断するに当たり，事実に対する評価を誤ったものであり，その判断は合理性を欠き，いずれの町も讀賣テレビ放送の視聴実態・視聴習慣が認められるという事実は，「受信者の利益」があることを裏付けるものであり，「正当な理由」を否定する重要な事情とみなかった裁定及び棄却決定は評価を誤ったものであり，その判断は合理性を欠く，と判断した。

33）本件決定書第3の3（3）第3段落・29頁。
34）前掲注25）参照。

|5-3| 「受信者の利益」の再構成

　ここで注意すべきは，放送対象地域「外」の受信者の利益は，当該放送対象地域「内」の受信者の利益と同等に扱うべきものではないということである。そもそも，放送対象地域外の受信者の利益とは，ケーブルテレビ事業者等の一般放送事業者が，地上基幹放送事業者が放送対象地域内で行っていた放送をその区域外において再放送を行うことによって享受する利益のことである。ところが，放送法は，前述のとおり，基幹放送に係る放送対象地域における受信者には，その区域外における一般放送の受信者に比して，手厚い保護を講じる一方で（同法92条，140条1項），同法は，ケーブルテレビ事業者が担う一般放送を受信する者については，上記のような保護を講じる規律を置いていない。しかも，ケーブルテレビ事業者が担う一般放送は，放送法が規定する「普及計画」の対象とはならず，事業参入の手続きも，総務大臣の「登録」という簡易な手続きで足り，番組編集についても，放送法4条の番組編集準則により規律が課せられるのみであり，一般放送事業者に対する規制自体は，基幹放送事業者に対するそれとは内容を著しく異にするものである。このように，放送法が，「一般放送」について，その事業内容や受信者保護について，基幹放送ほど手厚い規定を設けていないのは，「一般放送」が，柔軟な周波数利用等を可能とすることにより，その実現を市場原理に委ねる無線及び有線の放送と位置づけられているのであって，日本のケーブルテレビ事業の発足（1955年）は，前述の通り，難視聴地域の解消を目的とした地上放送の補完を目的としていた。そして，その普及いかんは，基本的には受信者の獲得競争をベースとする市場原理に委ねられるべきものとされ，難視聴地域で地上放送が受信できるかどうかが受信者の利益として検討されるべきものである。つまり，放送対象地域内における基幹放送に係る受信者の利益は，放送法上，手厚い制度設計がされており，法的に保障されているものと解される一方で，ケーブルテレビ事業者等の一般放送事業者により行われる区域外再放送に係る受信者の利益は，あくまで市場原理に委ねられたケーブルテレビの普及いかんに左右されるものであって，ケーブルテレビの普及がまだ揺籃期か，あるいは既に普及期にあるかどうかは，区

域外再放送に係る受信者の利益の検討に当たって重要となるものである。そもそも，法的に保障された放送対象地域内における基幹放送に係る受信者の利益とは異なり，ケーブルテレビ事業者等の一般放送事業者により行われる区域外再放送に係る受信者の利益は，当該地域にケーブルテレビが普及したことによって得られる反射的利益ないし事実上の利益にすぎないものというべきである。なお，電波のスピルオーバーにより，放送対象地域以外において放送が事実上視聴されていたとしても，これもまた電波の性質上の技術的な限界に伴って受信者が得ていた反射的利益にすぎない。

　法律上保護された利益とは，行政事件訴訟法9条1項に関するものであるが，行政処分の根拠となった法規が私人等の個人的利益を保護することを目的として行政権の行使に制約を課していることにより保障される利益であるとされ，[35]さらに，行政法規が他の目的，特に公益の実現を目的として行政権の行使に制約を課している結果たまたま一定の者が受けることとなる反射的利益とは区別されるとされている。[36]

　ケーブルテレビ等の一般放送事業者により行われる区域外再放送に係る受信者の利益は，受信者にとって自らの生活等に必要な区域外の地域情報を取得する具体的な利益であるとしても，それは難視聴地域で地上放送を受信するという利益を離れて本来的に放送法上保障されたものではない。当該地域にケーブルテレビが普及した場合には，たとえ電波のスピルオーバーにより，放送対象地域以外において放送が事実上視聴されていたとしても，そのことによって得られる受信者の利益は事実上の利益にすぎず，法律上保護された利益とはいえ

---

35) 最判昭和53年3月14日・民集32巻2号211頁。

36) さらに，行政事件訴訟法9条2項は，「法律上の利益」の有無の判断について，「裁判所は，処分又は裁決の相手方以外の者について前項に規定する法律上の利益の有無を判断するに当たつては，当該処分又は裁決の根拠となる法令の規定の文言のみによることなく，当該法令の趣旨及び目的並びに当該処分において考慮されるべき利益の内容及び性質を考慮するものとする。この場合において，当該法令の趣旨及び目的を考慮するに当たつては，当該法令と目的を共通にする関係法令があるときはその趣旨及び目的をも参酌するものとし，当該利益の内容及び性質を考慮するに当たつては，当該処分又は裁決がその根拠となる法令に違反してされた場合に害されることとなる利益の内容及び性質並びにこれが害される態様及び程度をも勘案するものとする。」旨規定している。

第8章　放送の自由と受信者の利益　　207

ない。したがって，放送法144条3項の「正当な理由」を判断するに当たっては，付随的に考慮されるにとどまるものというべきである。

本件においてこれをみると，徳島県全域の視聴者は，讀賣テレビの番組のほとんどは四国放送を通じて視聴することができ，讀賣テレビの区域外再放送によってしか得られない生活等に必要な地域情報というものはほとんど考えられ[37]ない。受信者の利益として保護する，やむにやまれぬ必要性があるとは思われない。区域外再放送という手段を通じてケーブルテレビ視聴契約者に取得させなくても，インターネットや携帯電話等が普及するなど情報収集手段が多様化拡充化している今日，地上基幹放送事業者の表現の自由や放送秩序の維持をより制限することのない他の代替手段によって情報を取得することは十分に可能であるといえる。

第6節　結　語

本稿の結論をまとめれば以下の通りである。放送事業者は，表現の自由の一内容として，自らが意図する内容を放送番組として編集し，意図する時に，意図する場所で，放送番組を放送するとともに，国家から，意図せざる内容・時・場所での放送を強いられない放送による表現の自由を保障されている。これは総務省の説くところであり，放送法11条は，放送の自由に係る保障を全うあらしめる観点から再放送を放送事業者の同意に係らしめたものである。基幹放送事業者の放送の自由を最大限保障する見地からは，144条3項の同意再放送制度は極力，謙抑的に運用されるべきである。すなわち，地上基幹放送事業者が有する放送による表現の自由等は，放送対象地域内の排他的・独占的な電波

---

37)「地上基幹放送事業者による情報発信　情報提供の有無」，すなわち「番組の同調率」についてみると，四国放送の讀賣テレビとの番組同調率は82％強になっており，徳島県全域の視聴者は，讀賣テレビの番組のほとんどを四国放送を通じて視聴することができるようである。総務大臣裁定8頁及び9頁。

利用が認められることの代償として，同地域内の放送について地上基幹放送事業者としての特別の義務を負うという法的規律の下に存在している。地上基幹放送事業者は，本来的に，当該対象地域内において放送することを意図して放送番組を制作・編集し，これを放送することにより，放送による表現の自由を全うすることが放送法上予定されているのである。もちろん放送による表現の自由も絶対無制約なものではなく，受信者の利益を含む公共の福祉に適合することを確保するための規律を受けるのはその通りだとしても，地上基幹放送は一般放送と異なり，上記の社会的役割が確実に果たされるように放送法上さまざまな規律が設けられているのであるから（91条，106条1項，108条，110条等），このような地上基幹放送事業者としての特別の法的規律に服しているのであるから，同法上保障されるべき放送の自由はそれに応じて重みが増すというのは理にかなっている。

　そもそも大臣裁定制度の制定の背景には「放送が国民に最大限に普及されて，その効用をもたらす」という放送法の目的を実現するため，高度情報化社会において重要な役割を果たすことが期待されたケーブルテレビを普及させるという公共の利益を実現しようという要請があり，かつ，「放送が国民に最大限に普及されて，その効用をもたらす」という放送法の目的を実現するため，全国4波化政策における総合放送4系統の視聴を可能とするための補完的役割をケーブルテレビ事業者に担わせるという公共の利益を実現しようとする要請があったのである。このように当時の郵政省の考えは，ケーブルテレビ事業の振興に傾いていたのは紛れもない事実である。そして，「正当な理由」の有無を判断するに当たって，区域外再放送によって生じる放送の地域性に係る意図の侵害の程度及びこれに伴う不利益等との比較衡量で考慮されるべき諸事情の重み付けは，放送事業を取り巻く時々の状況の変化により変容しうることは立法時より予定されていたともいいうるのである。そして，本稿の冒頭で述べたように，旧有線テレビジョン放送法に総務大臣（郵政大臣）の裁定制度が立法された1986（昭和61）年当時から，再放送をめぐる諸情勢は，社会経済面及び技術面において大きく変化しており，有線テレビジョン事業はもはや揺籃期にあ

るとはいえない。全国的な規模の有線テレビジョン放送事業者も現れており，遠隔地への再送信が，技術的にも経済的な費用の面でも困難でなくなったにもかかわらず，国が基幹放送事業者の放送の自由を制限してまで区域外再放送を認める必要がないというべきである。

　なお，ひのき事件で，総務省（総務大臣）が，徳島県松茂町及び北島町の区域については同意をすべきであるが，上板町の区域については同意しなければならないとは認められない旨の裁定を行ったことは，いかにも弥縫策的な判断であり，正直なところ説得力に乏しい。本判決がいうように，総務大臣裁定判断は合理的な判断でなければならず，広範な裁量に委ねられているものではないというのは本判決の説く通りであり，特に，受信者が自らの生活等に必要な地域情報を取得できることという意味での受信者の利益の程度の判断において，地域間における人・物等の交流状況やその具体的指標として通勤・通学等，人の移動状況や地域間の経済的取引状況，電波のスピルオーバーの状況等を延々と論じて，わずか10キロほどしか離れていない松茂町及び北島町と上板町とで区域外再放送の判断を分けるのは合理的な判断とはいいにくいように思われる。

　ただし，そのこととは別に，制度論として，区域外再放送制度は，放送をめぐる現状に応じて再検討の必要があると思われる。放送法144条の改正は直ちにはむずかしくても，少なくとも再放送ガイドラインは再改定の必要が高いと考える。

第9章

番組審議会の役割と課題

宍戸　常寿

第1節　はじめに

　番組編集準則（放送法4条）については，とりわけ政治的公平（1項2号）が学説の解するように倫理規定にとどまるのか，それとも近時の政府見解のように法的拘束力があると解すべきか，長らく議論されてきた（宍戸，2012：24-38；宍戸，2018：44-51）。

　こうした中，2018年3月に，政府の規制改革推進会議が番組編集準則を含む放送規制を大胆に廃止・緩和する方向で検討をしているとの報道がなされ，これに民放連や民放各社が反対の姿勢を示す等の動きを経て，同年4月に投資等ワーキング・グループは「通信と放送の融合の下での放送のあり方について」を公表した。しかしそこでは，「通信と放送の融合の下での，放送のあるべき未来像を見据え，放送がこれまで果たしてきた役割にも十分留意しつつ，電波の有効活用を図る方策を示す」との方向のみを示し，放送規律については特段の言及は見られなかった。他方，「規制改革推進に関する第2次答申」（規制改革推進会議，2017年11月）を受けて，総務省は「放送を巡る諸課題に関する検討会」の下に「放送サービスの未来像を見据えた周波数有効活用に関する検討

1）筆者は第18回投資等ワーキング・グループ（2018年3月）にヒアリング対象者として出席し，「通信・放送融合時代の放送制度―知る権利により奉仕するために」と題するプレゼンテーションを行ったが，番組審議会制度のあり方にも質疑が及んだ。

分科会」を設置し，放送がこれまで果たしてきた社会的役割と今後の放送サービスのあり方を議論したところである。

このように放送規律と放送の社会的役割が問い直される中で，改めて放送番組審議機関（以下，番組審議会という）の存在がクローズアップされてきている。番組編集準則の性格についての見解の相違にかかわらず，その遵守を含む放送規律の確保は，第一次的には番組編集の自律（放送法3条）によってなされるべきものであることには，広汎な一致があるといってよい。そのような番組編集の自律を実効あらしめるための仕組みとして2007年に設置されたのが，BPO（放送倫理・番組向上機構）の放送倫理検証委員会であり，この10年間の活動によりその存在は承認されたといってよい（宍戸，2016：102-105）。

しかしBPOが，放送界が自主的に，従って法の外で設置した第三者機関にとどまる半面で，放送法は「放送番組の適正を図るため」に放送事業者の内部に番組審議会の設置を求めている。これは「放送事業者に番組審議機関，ひいては視聴者に対する説明責任を課すことによって自律を担保しようとするもの」であり，「放送番組規制の『日本モデル』」と呼ばれている（曽我部，2012：374）。BPO放送倫理検証委員会の活動があらかじめ期待された範囲での役割をすでに果たしているとすれば，放送規律の確保が現実の問題として議論される場合に，法定機関である番組審議会が次のターゲットとして注目されるのは，およそ必然の流れといえよう。

後述するように，変容するメディア環境にあって放送事業者の内部，あるいは放送事業者とその外部の間のプロセスの中で実現されていくべきものとして放送規律を理解するならば，そのプロセスにおいて番組審議会は「自主規制の中心的な役割」（曽我部，2012：397）を担うべきものであり，放送法はもともとそのような番組審議会制度の活用を期待しているものと見ることができる。

そこで本稿では，これまでの紹介・研究を踏まえて，番組審議会制度について概観し，その運用についての評価を整理するとともに，最近のメディア環境の変化との関連でいくつかの課題を示し，最後に番組審議会制度の積極的な活用に向けて若干の論点を提示することにしたい。

第2節　番組審議会の制度

|2-1|　番組審議会制度の経緯

　番組審議会制度の源流は，NHK が 1950 年に自発的に設置した，放送番組審議会に求めることができる。その後，低俗番組批判の高まりを受けて，1958 年には民間放送番組審議会が設置された。こうした経緯を受けて，1959 年放送法改正では，放送事業者に放送番組基準を制定する義務と合わせて，番組審議機関を設置する義務が課されることになった（鈴木・山田，2017：116〔西土彰一郎〕）。

　その後，番組審議会の形骸化が批判されたことを受けて，1988 年放送法改正では，番組審議会の構成から社内委員を排除するとともに，放送事業者が番組審議会の機能の活用に努めることと，議事概要等を公表する義務を課した規定が追加された。

　さらに郵政省「多チャンネル時代における放送と視聴者に関する懇談会」（1995〜96 年）が，番組審議会が「現状においては必ずしも十分な機能を発揮していない」として，審議内容の公開等の改善による「一層の活性化」が必要であると指摘したことを受けて，1997 年放送法改正では番組審議会への報告義務規定が追加された。

　また 2010 年放送法改正では，ショッピング番組のあり方に対する批判を受けて，テレビ放送を行う基幹放送事業者について，番組種別の公表制度が導入された（107 条。上記については曽我部，2012：379-389 参照）。

　かかる経緯を総括すれば，番組審議会制度は，番組の質に問題があるという社会的批判を受けて自主的に設置されたものが法律上の制度として取り込まれ，

---

2)　本章末の引用・参考文献を参照。執筆に当たっては，番組審議会委員経験者や各局の番組審議会担当者から有益な資料や情報の提供を受けた。また筆者は，関東地区民間放送番組審議会担当者会議（2017 年 11 月）と，民放連が約 20 年ぶりに開催した番組審議会の運営に関する全社会議（2018 年 3 月）で講演をする機会を与えられ，その準備の過程や当日の質疑応答からも示唆を受けた。この場を借りて関係者の方々に謝意を表したい。

またその後も放送規律が遵守されていないのではないかという疑いが高まるたびに，それに応えるべく手直しをされてきたものといえる。「『番審』の『あるべき論』的役割の再定義——放送番組倫理問題の多発と複雑化——『番審あるべき論』のいっそうの厳格化，といったスパイラルな循環運動」という指摘（桂，2001：5）は正鵠を射たものといえよう。

|2-2| 番組審議会に関する放送法の規定

放送法6条は，番組審議会について次のように定める。

（放送番組審議機関）

第六条　放送事業者は，放送番組の適正を図るため，放送番組審議機関（以下「審議機関」という。）を置くものとする。

2　審議機関は，放送事業者の諮問に応じ，放送番組の適正を図るため必要な事項を審議するほか，これに関し，放送事業者に対して意見を述べることができる。

3　放送事業者は，番組基準及び放送番組の編集に関する基本計画を定め，又はこれを変更しようとするときは，審議機関に諮問しなければならない。

4　放送事業者は，審議機関が第二項の規定により諮問に応じて答申し，又は意見を述べた事項があるときは，これを尊重して必要な措置をしなければならない。

5　放送事業者は，総務省令で定めるところにより，次の各号に掲げる事項を審議機関に報告しなければならない。

一　前項の規定により講じた措置の内容

二　第九条第一項の規定による訂正又は取消しの放送の実施状況

三　放送番組に関して申出のあつた苦情その他の意見の概要

6　放送事業者は，審議機関からの答申又は意見を放送番組に反映させるようにするため審議機関の機能の活用に努めるとともに，総務省令で定めるところにより，次の各号に掲げる事項を公表しなければならない。

> 一　審議機関が放送事業者の諮問に応じてした答申又は放送事業者に対
> 　　して述べた意見の内容その他審議機関の議事の概要
> 二　第四項の規定により講じた措置の内容

　なお，番組審議会委員の構成については「学識経験を有する者のうちから，当該放送事業者が委嘱する」等と定められている（7条）ほか，NHK が中央審議会，各地方の地方審議会，国際審議会を設けること（82条），認定経営基盤強化計画を提出した基幹放送事業者が特定放送番組同一化を行う場合に共同で番組審議会を設置する特例（116条の6）が定められている。さらに総務大臣は一般に放送法の施行に必要な限度で放送事業者に資料提出を求めることができるが（175条），放送法施行令8条は ① 番組審議会の組織・運営に関する事項，② 番組審議会の議事概要，③ 番組審議会の答申・意見に対して講じた措置に関する事項の提出について定めている。

　番組審議会は「放送事業者の自主自律を基本とする放送番組の適正向上の客観性，妥当性を確保するため，放送事業者以外の者からの意見を聞く場」とされ，放送法6条2項にあるとおり「諮問機関であると同時に放送番組の適正を図るための意見具申機関」であるとされる（金澤，2012：66）。

　諮問事項として必須であるのは番組基準と放送番組の編集に関する基本計画であり（3項），放送事業者は番組審議会の答申や意見を尊重して必要な措置を行うことが義務づけられる（4項）。

　必須的報告事項は，4項に定める措置の内容，訂正・取消しの放送の実施状況，放送番組に関して申出のあった苦情等の意見の概要であり（5項），放送法施行規則は報告の方法について，書面をもって，内容が容易にわかる方法において報告すべきこと，措置が講じられた直後の番組審議会開催時に報告すべきこと等を定めている（5条）。

　放送法6条6項は，番組審議会の「機能の活用」の努力義務，そして議事概要の公表義務を定める。後者の公表義務は，「一般視聴者に対し，答申や意見の内容，それを尊重して講じた措置の内容を公表し，その透明性を高め，視聴

者の間に活発な議論や意見を呼び起こすことにより，審議機関と視聴者の結びつきがより深まり，放送番組の適正化が図られる」ことを期待するものである（金澤，2012：69）。前者は，番組審議会制度の理解において決定的に重要な点と考えられるので，項を改めて述べる。

|2-3| 「機能の活用」と三面構造

　放送法6条6項が番組事業者に課す努力義務の内容である「機能の活用」は，法令用語としては稀なものである。民間事業者に制度の設置・利用を義務づけた上で，その制度の「機能の活用」を求めるという法律の文言は，番組審議会制度固有の規定ぶりと思われる。[3]

　このような異例の規定振りは，番組編集の自律を前提に放送事業者の自主性に任せるべき半面，実際に番組審議会の機能が十分に活用されず，番組審議会が形骸化しているのではないかという批判に応えようとしたことに由来すると理解される（金澤，2012：69参照）。機能の活用の具体例としては，立法過程において郵政省担当者から，「番組審議機関の委員の名前を公表していただくとか，あるいは資料の提供等を積極的にやってもらって番組審議機関が審議しやすくしていただくような環境づくり」（1988年4月14日衆議院逓信委員会），「例えば開催回数ですが，月一回以上は開いて，できるだけ数多く開催してほしい」「任意的な諮問事項の数を多くふやしてほしい」（1988年4月26日参議院逓信委員会）といった説明がされている。

　こうして見ると，「放送の不偏不党，真実及び自律を保障することによつて，放送による表現の自由を確保する」こと等を掲げて（1条2号），番組編集の自律を定め（3条），そのことによって国民の知る権利を実質的に充足し，健全な民主主義の発達に寄与する（最大判平成29・12・6判時2365号3頁参照）という

---

3) e-Gov法令検索で「機能の活用」を法令用語として検索すると12件ヒットするが，そのうち10件は「投融資機能の活用」に関するものである。放送法を除く残る1件は，官民データ活用推進基本法が「人工知能関連技術」を「人工的な方法による学習，推論，判断等の知的な機能の実現及び人工的な方法により実現した当該機能の活用に関する技術」と定義する場合である。

216

放送法の全体構造との関係で，番組審議会制度は理解される必要があるものと
いえよう。一面において，放送法は番組審議会制度の「機能」を具体的に特定
することなく，事業者が自主的に活用することに委ねており（鈴木，2017：増
46），これは番組編集の自律にも連なるものとして意図的に選択されたものと
考えるべきである。

　他方，番組審議会のあり方や活用方法については，番組審議会が放送事業者
の中に設置される機関であるにもかかわらずその構成員すべてが放送事業者の
外部者であること，また議事概要の公開が求められている。この点は，放送事
業者と公衆の間の中間的な存在として番組審議会が存在するという，三面構造
が制度の前提であることを示すもの，と理解できる。この点は，番組審議会に
「様々な苦情，番組批判を含む意見が述べられることにより視聴者の意見が放
送番組の編集に当たって取り入れられ，放送番組の適正向上が図られることが
期待される」「一般視聴者に対し，答申や意見の内容，それを尊重して講じた
措置の内容を公表し，その透明性を高め，視聴者の間に活発な議論や意見を呼
び起こすことにより，審議機関と視聴者の結びつきがより深まり，放送番組の
適正が図られる」（金澤，2012：66-69），法が「市民による批判の回路が保障さ
れることによって，『放送の自由』がより保障された場が社会的に形成される
ことを期待している」（鈴木・山田・砂川，2009：206〔本橋春紀〕）という形で，
すでに指摘されていた点でもある。

　換言すれば，番組の制作・編集のプロセスが放送事業者の中で「閉じる」の
ではなく，それが外の視聴者に向かって「開く」ためのくさびが放送局の中に
打ち込んであり，そうやって放送法は全体として放送の公共性を確保しようと
していると理解するのが適切だと考えられる。

第3節　番組審議会の運用と再評価

|3-1|　番組審議会制度の運用

　番組審議会制度の運用は，放送事業者ごとに多様でありうるが，先行業績，放送業界誌やヒアリングで確認できる範囲では，次の通りである。

　まず委員数については，多数の委員を置くことが法定されている NHK の3つの番組審議会はさておき，民間放送事業者のうちテレビ局が平均9人弱（法律上は7人以上），ラジオ局が平均7人弱（法律上は5人以上）であって，全体の平均は8名程度である。委員の平均年齢はおおむね50歳代後半，委員のうち女性の占める割合はおおむね NHK が4割，民間放送事業者が3割である。番組審議会の平均的な開催回数は年10回程度である。放送法が一応規定する，区域内の複数局による合同の番組審議会，あるいは認定放送持株会社制度の下での系列局による合同の番組審議会等の仕組みは，活用されていない。

　番組審議会の審議のあり方は，委員による番組を合評する形式がとられることが多く，その際には，放送事業者の番組審議会事務局等が対象となる番組を決定することが多く，「番組審議会側のイニシアティブ」が発揮されることは少ないとされる（黒田，2008：32）。委員は放送時等，事前にあるいは当日の審議の場で視聴し批評する。放送事業者の役員だけでなく，当該番組の制作責任者等も出席して意見交換がなされ，委員からは厳しい意見も出るため，放送事業者の中で重視されている機関であることは疑いを得ない。かえって，放送事業者側からは，自社内での評価の高い番組を批評対象に選ぶ傾向があるとも指摘されている。

　番組審議会制度が導入されてから約10年後の1970年に，放送番組向上委員会が各放送事業者の番組審議会委員に対して実施した「放送番組向上に関する番組審議会委員へのアンケート」（回収率は外部委員 55.8％，社内委員は 54％）によれば，「現在の番組審議会は十分な効果をあげているとお考えですか」という問いかけに，「十分効果をあげている」（3.3％），「かなり効果をあげている」

（53.2％），「あまり効果をあげていない」（36.5％）という結果となっている。さらに，「現在の番組審議会の機能をもっと効果的にするためには，どうすればよいとお考えですか」という問いかけに対しては，「各番組審議会の連絡・協力を図る全国的な機関を設置すべきだ」（18.9％）に加えて「番組向上委員会と各番組審議会との連絡・協力をもっと活発にすべきだ」（51.5％）といった運用の改善を求める回答が多く，「現在の各番組審議会に現行法以上の強い権限を与えるべきだ」（16.3％）が続く一方，「政府任命の全国的な番組審議機関を新たに創設して，法的権限を与えるべきだ」（4.7％）は低い数字にとどまっている。

　番組審議会制度の形骸化を指摘して活性化を求める法改正がたびたびなされてきたことは言及したが，制作者や研究者を含めて外部の評価としても，「番審サロン論」（鳥山，2013：108）をはじめとして，運用に対する批判的な評価が多い。より踏み込んで，「個別番組の合評会に終わっているケースも多く，番組全般について議論していても，体系的な積み上げを踏まえた批判ではなく，有識者による印象批評の場となっている場合もある」（鈴木・山田，2017：68-69〔本橋〕）といった指摘も見られる。なお在京民放テレビ6局が公表している番組審議会の議事概要4年分を分析した研究によれば，委員の審議コメントを対象別に分類すると内容に関するものが46％，演出に関するものが36％であり，評価別には好意的評価・肯定が44％であるが，提言・アドバイスが24％，否定的評価・批判が26％であるという（小川，2017：5-14）。

|3-2| 低評価の原因と活性化方策

　詰まるところ，番組審議会が現実に一定の役割を果たし，放送事業者・番組に対する規制強化への防波堤として機能している半面，放送法が期待するほどのパフォーマンスを発揮しているとはいえないというのが，番組審議会に関する一般的な評価といえるが，このような現状の要因はすでに様々な形で指摘されている（小川，2017：2；音，2008：39-40；鈴木・山田，2017：69〔本橋〕）。

　まずは「規律された自主規制」（曽我部，2012：396）であることに内在する構造的な問題が挙げられる。番組審議会が個々の放送事業者が自らのために設

置する機関である以上，放送事業者にとっての根底的に批判的な機関にはなりにくいが，それだけならば所謂お手盛りになるとはいえ，放送事業者の方で自らの番組等を正当化するために積極的に番組審議会を利用するという選択肢はあり得るはずである。しかし実際には，番組審議会は，その設置が法律上義務づけられ，運用が総務省の監督の対象となっているため，放送事業者としては番組審議会を積極的に活用するのではなく，慎重な運用にとどめているのではないだろうか。

　他方，放送業界のあり方に由来する問題も考えられる。一般に放送業界では政治・行政による介入を阻むために自主自律を掲げてきたが，それによって取材・制作・編集等のプロセスが外部一般に対して閉じたものになり，第三者からの批判に対して防衛的に反応する傾向がある。その結果として，制度化された第三者機関である番組審議会についても，経営幹部層にとって「良き理解者」であるような有識者（名士である高齢の男性）が中心的に委員に選ばれる，論争的な番組は合評の対象に選ばない等の，無難な運用を志向してしまうのではないか。さらにテレビ放送については，大半の放送番組がキー局で制作されており，ローカル局の番組審議会での議論が制作現場にまで届きにくい等の問題も挙げられよう。

　このような様々な課題に対するため，番組審議会を活性化するための様々な具体的方策が提案されてきた。例えば，長期間番組審議会委員を務めることによる放送事業者との「馴れ合い感」を解消することを課題と考えて，同一の放送の区域の放送事業者の間で番組審議会委員が交代していくローテーション方式の提案がある（黒田，2008：33）。「放送番組調査会やBROの場で進んでいる専門家と局側責任者の実質的討議や『説明責任』実行の実例を，資料や文献としても，各社番組審議会への場に周知していく」ことで番組審議会委員の自覚や専門性を高める一方で，「番組審議会の提言と局側対応の交錯する部分の対外広報にも工夫を加える」ことで，視聴者等の外部との接触により番組審議会の活性化を促す方策も提案されている（仲佐，1998：7）。

　先の在京民放テレビ局の番組審議会の議事概要を分析した研究は，個々の番

組の合評が表現の内容や演出に集中する傾向があるのに対して，放送番組全般や局の方向性について審議する会合では，編成方針や方向性に関する意見やコメントが増加する点を指摘している（小川，2017：11）。個々の番組に対するいわば「言いっ放し」を避けるためには，このような審議方式を積極的に採用することが考えられる。また，番組構成等に対して部分的決定権・拒否権を認めるといった強力な改革案（多賀谷，1995：235）について，ローカル局にはそこまでの必要はないかもしれないと指摘する見解（曽我部，2012：398）は，実情や規律の実効性の観点から，キー局とローカル局の間で番組審議会の制度・運用に差異を設けることを示唆するものといえよう。

　こうしてみてくると，繰り返しになるが，番組審議会制度の現状及び活性化方策には，放送業界の課題が集約的に現れているように思われる。加えて，放送法が番組審議会の「機能」を明確に特定せず放送事業者に任せているが故に，放送事業者の側からすればより一層の「機能の活用」を求められてもすでにこれまでの運用で十分ではないのかという反応をもたらす半面で，外部からみれば多様な課題に対応して様々な活性化の方策を提言できてしまうという，すれ違いと拡散が番組審議会をめぐる議論を特徴づけているようにも思われる。

┃3-3┃ メディア環境の変化と番組審議会の再評価

　伝送路や端末，サービスの各場面において放送・通信の連携・融合が急速に進み，Society5.0 の実現が掲げられる中で電波の有効利用が求められる等，放送サービスを取り巻く環境は激変の一途を辿っている。[4] 4K・8K 放送の実施といった放送サービスの高度化やインターネットでの番組同時配信への期待が高まる一方で，基本的情報の提供，国民の知る権利や健全な民主主義の発達への奉仕，災害放送等の国民の安全への適時的確な対応を果たすために，放送の機能それ自体の維持向上，そのための放送事業者の経営の強靱化が求められている。

---

4) 以下の記述は，総務省「放送を巡る諸課題に関する検討会」放送サービスの未来像を見据えた周波数有効活用に関する検討分科会第3回（2018 年 2 月）において，筆者が「民主主義社会における放送の役割・機能」と題して行ったプレゼンテーションと重なるものである。

第9章　番組審議会の役割と課題　　221

他方，インターネットとりわけ SNS の普及によって視聴者の側では能動的なメディア利用が可能になり，とりわけ若年層を中心にテレビ離れが進んでいる。技術・サービスの発展それ自体は表現の自由の拡大として歓迎すべきである半面，インターネット上の情報流通はフィルターバブルやフェイクニュース等の現象をももたらしており，社会を分断し差別化を進める方向に働く契機を含むことも確かである。世論を安定化させ公衆を形成するという放送の機能がますます強く求められる一方，断片化した視聴者による，放送の真実性や政治的公平性に関わる，さまざまな方向からの強力な批判に，放送事業者は晒される状況になっている。

NHK「クローズアップ現代」に対する総務大臣の行政指導（2015年）の記憶もなお新しいうちに，番組編集準則の廃止を含む放送規制の緩和が議論される（2018年）といった放送政策の不安定化は，もっぱら特定の政権の性格づけに帰着するものではなく，いま述べたような放送を取り巻く環境が構造的に変化していることの現れとして見るべきものであろう。そうした中，1 節で述べたように，自主規制の中心的な役割を担うことが法律上期待されている番組審議会について，今後そのあり方が注目されるのは，不可避の趨勢であるように思われる。

例えば，日本放送協会平成 28 年度収支予算，事業計画及び資金計画に付せられた総務大臣意見（2016年）には，「クローズアップ現代」問題を受けて，「放送番組審議機関の機能の発揮等により，様々な機会において放送番組に対する国民・視聴者の声に十分に耳を傾けつつ，国民・視聴者の信頼回復に努めること」という言及が見られる。これまで番組審議会を十分に活用していない放送事業者に対しては，認定・免許の更新に際して機能の活用に努めるよう求める意見が付されることも，放送法の建前からは十分に考えられるところである。

しかし，このように番組審議会制度への関心が高まることは，決して不当なことではない。むしろ番組編集の自主自律を堅持した上で放送規律の問題を検討しようとするのならば，番組審議会の制度・運用の改善という議論こそ，放送法の建て付けからも望ましい戦場であるように思われる。いわゆる「放送の

公共性」を変化する環境の中で再定義し，それを尺度に現在の放送サービスの
あり方を検証し改善するだけでなく，そうした取り組みを広汎な視聴者や社会
に対して可視化・透明化することで，放送への信頼を高めることが個々の放送
事業者，放送界全体の取り組みとして期待される現状において，番組審議会の
あり方は特に重要な役割を果たすものと思われる。こうした観点から，以下で
は最近の３つの論点を検討することにしたい。

第4節　メディア環境の変化と番組審議会

|4-1|　番組審議会のチェック機能

　まず，番組審議会が注目された近時の２つの事例について言及したい。第一
は，岩手放送の番組「宮下・谷澤の東北すごい人探し旅〜外国人の健康法教え
ちゃいます⁉」について，同局の番組審議会（2015年11月）が特定の商品の
紹介，宣伝（いわゆるステルスマーケティング）になっていないか等を議論し
た件に関わるものである。2016年12月には，週刊誌が審議会における局側の
説明が事実に反する旨を報道し，岩手放送は「番組審議会の議事録に事実誤認
による発言が掲載されておりました」として，議事概要を超えて公表を前提と
しない議事録が流出したことと，社員の事実誤認による発言を謝罪した。2017
年1月の番組審議会の議事概要には，「毎月の番組審議会で指摘されたことに
対し，毎回きちっと社内で検証していくべき。番組審議会で答えて終わりでは，
形骸化していると言わざるを得ない。検証して間違えていれば次回の番組審議
会で訂正すべき。」「番組審議会では慎重に事実確認をしながら発言するのが出
発点になる。議事録の内容が違っていたということが後で出てくると，会社の
信用問題もあるが，番組審議会のあり方が問われる。」といったコメントが見
られる。なおこの件については，BPO放送倫理検証委員会でも番組審議会の
軽視を問題にする声もあったものの，放送事業者及び民放連において実効的対
策が取られたものとして討議を終了している（2017年4月）。

この事件で問われているのは，番組審議会のチェック機能の改善という課題であり，とりわけ放送事業者の説明，情報提供のあり方である。またこの事件とは別に，仮に審議の場で思わぬ質問や措置の要請が委員からあった時に，それについて改めて次の審議会で補足説明を受けて議論する，次の審議会での事項が詰まっている場合には審議会を臨時で開会する等，実効的な審議を行うための柔軟な運営のあり方も必要であるように思われる。

第二の事例は，MX テレビの番組「ニュース女子」（2017 年 1 月）について，2017 年 2 月に放送番組審議会が自主的な意見具申を行った件である。意見具申の内容は，① 視聴者等の問題点の指摘を真摯に受け止め，早期に多角的な視点で十分な再取材をした番組を制作・放送するよう努める，②「持ち込み番組に対する考査ガイドライン」の制定など社内の考査体制を再構築することを求める，というものであった。これを受けた MX テレビは同年 7 月には考査部を編成局に新設し，さらに 9 月には報道特別番組「沖縄からのメッセージ 基地・ウチナンチュの想い」を放送している。本件持ち込み番組については BPO 放送倫理検証委員会が 2017 年 12 月，制作会社による持ち込み番組に放送倫理上の問題が含まれていたにもかかわらず，適正な考査を行うことなく放送した点で重大な放送倫理違反があったとの判断を示したほか，放送人権委員会も人権侵害に当たるとの勧告を行った（2018 年 3 月）。

番組審議会の活動は，放送事業者の諮問を受けて答申を行うのが一般的であり，本件のように番組審議会が自ら意見具申を行う例はきわめて珍しい。しかしこれは放送法が定めている権限の行使であり，考査体制の構築等の制作・編成のプロセスに改善をもたらした点も含めて，特筆に値する「機能の活用」の例と位置づけることができよう。

4-2 番組審議会と BPO 放送倫理検証委員会

いま紹介した 2 つの事例からも示唆されるが，番組審議会制度に関する新しい論点として，BPO 放送倫理検証委員会との関係整理がある。放送倫理検証委員会は 2007 年，放送倫理を高め番組の質を向上させるため取材・制作のあ

224

り方や番組内容等に関する問題を審議する第三者機関として設置され，総務省「今後のICT分野における国民の権利保障等の在り方を考えるフォーラム」(2009～10年) での指摘も踏まえ，この10年間，活発に活動してきた (宍戸，2016：102-105)。

　放送倫理検証委員会の目的や機能は，放送番組の適正を図ることを目的として設置された番組審議会と，当然に重なる部分がある。他方で番組審議会は，放送事業者が共同で設置することも法律上認められてはいるが，現実には個々の放送事業者が内部に設置する，しかも法律上の組織である点で，放送界共通の自主的な取り組みであるBPOとは組織原理や柔軟性において相違があることも明らかである。

　例えば2008年2月，放送倫理検証委員会は，ある2つの番組について検討すべきかどうかが問題になった場合，各局が自主的・自律的に対応するべき問題であるとして番組審議会での審議を要望したが，当該放送事業者では審議対象事項とはせずに報告のみにとどめたことがあった。その背景には「番組審議会自体がBPOの下請け機関化するとの懸念」が関係者にあった，と指摘されている (音，2008：39)。逆に，放送倫理検証委員会が個別の番組について積極的に審議・審理し意見を公表している現状では，例えば放送倫理違反であるという委員会の判断が，当該事業者あるいは各放送事業者においてどのように消化され番組の質の向上に活かされるのかも課題となっているが，この点に番組審議会がどのように関わるのかという問題が生じている。

　こうした経緯からすれば，「放送局外から指摘された問題について番組審議会がどう対応すべきかを，ぜひ，放送界で議論し，ルールを決めていってほしい」(砂川，2008：25) という指摘はもっともなものであるように思われる。この点で想起すべきは，3-1で触れた1970年の放送番組向上委員会によるアンケートでも，当時の番組審議会委員に，(BPO放送倫理検証委員会のひとつのルーツである) 放送番組向上委員会との連絡協力を活発にすべきだとの回答が多数あった点である。放送倫理検証委員会の意見は番組審議会に通知されるのが通例とされるが，番組審議会における意見の検討や，放送事業者から放送倫

理検証委員会への回答案の審議, さらには放送倫理検証委員会と番組審議会の意見交換等, 両者の連携を探ることが望ましい（宍戸, 2016：120-121；浜田, 2018：88）。[5]

2-3 では放送法が放送事業者, 番組審議会, 公衆の三面構造を想定していると指摘したが, 現在では〈放送事業者（現場・経営）―番組審議会―BPO―公衆―政治・行政〉の五面構造の中で放送規律をめぐる議論は行われており, その全体的付置連関を踏まえた上での番組審議会の活性化が議論されるべきものと思われる。

|4-3| 番組審議会の情報公開

このような構図においてはじめて, 番組審議会の公開性をめぐる課題も, はじめてその輪郭が浮き彫りになる。すでに触れた通り 1988 年放送法改正により, 番組審議会の議事概要等を公表する義務を課した規定が追加され, 放送法施行規則 4 条においてはより詳しく公表の方法が定められている。この点については, 番組審議会の制度化と同じく, 「発言責任の対外的な明確化」（桂, 2001：6）により番組審議会委員が拘束される, あるいは放送事業者の内部事情が政府に筒抜けになる（鈴木, 2017：増 47）という批判的な見方が放送関係者には強いように思われる。

しかし, この規定は同じ法改正によって導入された「機能の活用」と不即不離の関係にあり, 「機能の活用」の具体的なあり方を放送界・放送事業者に委ねつつ, 議事概要の公表はそれが現実に実施されていることを社会に説明するよう求めるにすぎないと捉えるべきであろう。その意味では, 「番組審議会の公開性がきっかけとなって, 視聴者自らが番組の『言論・表現の自由』を守る

---

5) 阿武野勝彦氏（東海テレビ放送局）が, 放送倫理検証委員会10周年シンポジウム（2017年3月）で, 「BPOの審理対象になった案件については, 当該放送局の番組審議会が独自に意見を出すべきではないでしょうか。番組審議会は視聴者と放送局をつなぐ組織なのですから, 番組を合評して感想や意見を言ったりするだけでは駄目なんじゃないかと。BPOが各局の番組審議会とダイレクトに繋がるようなことも大事だと思っている」と発言されたこと（放送倫理検証委員会（2018）『放送倫理検証委員会10周年記念誌　放送の自由と自律, そしてBPOの役割』22頁）は, 現場の声として重く受け止めるべきものと思われる。

ことができるようになる」(佐藤, 2000：70) と捉えて, むしろ議事概要の積極的な公表こそが望まれるのではないか。

　およそ政府の審議会・研究会等にも通じることだが, 例えば個別の番組の合評等で, 具体的な取材の態様や番組上の表現等について立ち入った審議を行うために, 番組審議会の議事録を全て公表することに問題があるのは確かである (なお後掲注6も参照)。しかし, 現在公表されている番組審議会の議事概要は, NHKでは10数頁に及ぶものの, 民間放送事業者においてはわずか1～2頁にとどまるのが通例であり, 放送事業者を外に開く役割を期待されているにもかかわらず, 番組審議会の公開性・透明性はあまりに低いといえるのではないか。新たな視聴者を呼び寄せる, 裾野の広い放送批評を生むためにも (小川, 2017：16), より詳しい形での議事概要の公表が望まれるように思われる。

　なおこの点で留意すべき点として, 詳細な議事録が放送事業者から総務省に提出される例がある。かつて国の情報公開・個人情報保護審査会は, 放送法の求める公表の内容を超えて詳細な「発言者及びその発言内容をすべて記録した議事録」が総務省の保有する文書に含まれるとした上で, その公表が「番組審議会の円滑な運営に支障が生じ, 放送番組の適正向上の機会の逸失となるおそれがあり, また, 放送事業者の番組編集の自由を害するおそれがある」として, 不開示事由に該当すると判断したことがある (平成19年度 (行情) 答申第369号, 平成26年度 (行情) 答申第263号)。このような非公開の条件の下で議事録を政府に任意に提出することがあるにもかかわらず, 他方で視聴者には簡潔な概要しか開示しないということが, 視聴者の支持を失い, ひいては放送事業者の自主自律を掘り崩す危険があるということは, 意識すべきことのように思われる (村上, 2017)。

第5節　番組審議会への期待

|5-1|　中長期的な選択肢

　以上の紹介検討を踏まえて，以下では番組審議会の今後のあるべき姿について，若干の指摘を行っておきたい。

　すでに繰り返し指摘した通り，放送法は意図的に番組審議会の「機能」を特定せず，放送事業者がそれを自主的に具体化して，「活用」することを期待している。このような仕組みは番組編集の自律と密接に結びつきそれを支えるものであり，放送制度を維持する限り，積極的に支持されるべきものと考えられる。したがって今後，番組審議会の制度改正や運用の改善がなされるという場合であっても，番組審議会をこう使わなければいけないと法によって強制されるのではなく，むしろ放送事業者あるいは放送界として自主的に，番組審議会の機能を具体的に特定・定義し，しかも視聴者から検証可能な形で活用することが望まれる。

　次に，これも繰り返しになるが，放送・通信の連携・融合が進む中で，「放送の公共性」を担保し，視聴者の信頼を獲得する仕組みとして，番組審議会制度は積極的に活用されるべきである。現在，すでにインターネット上には，ラジオ・テレビ放送と区別がつかないような，公衆に対して働きかける音声・動画の配信が登場している。そしてまたフェイクニュース等が問題になるような状況にあって，放送事業者は質の高い，ジャーナリズム性や放送倫理に裏付けされた質の高いコンテンツを提供する公共的なメディアであり続け，そのように信頼される放送であることが期待される。この期待は健全な民主主義社会の維持発達という公共的問題として制度的な課題であるが，当の放送制度が放送事業者の番組の公共性を担保する仕組みとして番組審議会制度をすでに用意しているのであるから，新たな制度を作るよりも，まずはこれを積極的に利用するのが，合理的な方策であるように思われる。

　その上で，番組審議会がこれまで十分に活用されてこなかったという事実は

重く受け止める必要がある。これは3-2で述べた「規律された自主規制」であることに内在する構造的な問題に由来するところも大きいが，まずは以下の2つの選択肢のどちらを追求するか，という選択の問題として整理すべきではないかと，現在筆者は考えている。

　第一の方向性は，事業者内部の第三者機関として，番組の制作・編集に強く働きかけるという番組審議会のあり方である。そこで期待される番組審議会委員のイメージは，報道あるいは制作をよく理解し，対話を通じて，場合によっては意見具申権を行使して，外部プロダクションを含めた現場に届くメッセージを発言することができる存在である。そのような機能を期待する場合には，番組審議会の委員は一定のジャーナリズムへの理解や専門性を有するか，一定の期間委員を継続する中で，培う必要がある。この場合の番組審議会はいわばエリート化して，視聴者と放送事業者をつなぐ機能が建前上は弱まるし，政府との関係ではより放送局の側に立つべき存在であるから，視聴者にわかりやすい活動の説明方法を工夫する必要がある[6]。

　第二の方向性は，外部の視聴者との相互作用を生み出す機能を重視した番組審議会のあり方である。とりわけローカル局は地域社会に根ざすことがもともと予定されており，将来的には若年層を含め地域における情報のエコシステムの中核を担うことが期待される。また，現代社会においては視聴者といっても一枚岩ではなく多様である。ここで考えられる番組審議会は，そのような地域社会や多様な視聴者への「窓」であり，年齢，性別，職業等の面での多様性が委員構成で重視されるべきことになる。番組審議会の審議は外部に向かって公開され透明されるべきであり，視聴者が番組に対してだけでなく，番組審議会の議論に対して意見を寄せるような視聴者参加の仕組みも考えられる。

---

6) 制度化された常設の番組審議会ではなく，アドホックな第三者委員会に問題となった番組の調査が委ねられることが多いが，これは調査能力等の専門性に加えて，先に触れた議事概要の公表や，後述する総務省への議事録の提出といった慣行も関係しているように思われる。この点では，番組審議会の機能がどのように活用されているかの説明責任を果たす上で十分であると同時に，とりわけ第一の方向性を果たすために必要な範囲で審議の秘密を守るための議事概要のあり方について，民間放送共通のガイドラインを策定することも考えられる。

いま試論として示した2つの選択肢は必ずしも相互に排他的ではなく，これまでの番組審議会の運用に同時に内包されていたものである。むしろこれまでの番組審議会制度の運用は，こうした方向性の相違を自覚しないまま，例えばジャーナリズムの専門家も一般視聴者も名士も対等な位置づけで入ってもらうという形で，いわばどっちつかずのまま機能不全に終わってきたように思われる。上記のような思考の整理を行うことで，放送事業者や放送界がどちらの方向を追求するのか，例えば第一の方向性はBPO放送倫理検証委員会に期待するのか，あるいは第一の方向性も第二の方向性も同時に実現していこうとするのであればどのような委員構成や審議のあり方が望ましいのか等々，より具体的に課題を明らかにできるのではないだろうか。

|5-2| 短期的な活用策

いま示した中長期的な2つの方向性のうちの選択は，番組審議会の性格づけ，あるいは委員の構成にも関わる若干ハードルの高い問題であるが，現時点での現実的な活用策も，これまでの検討からいくつか考えられる。まず，放送事業者が番組審議会に諮問して答申を受け，またそのための措置を公表するという法律上の手続は，放送事業者に重たい印象を与えているようである。しかし法律上は，法定の事項以外は必ずしも諮問しなければいけないものではなく，番組の予備審議や一般的な意見交換の形で番組審議会委員の知見を利用したり，逆に委員の放送に対する理解を深めたりすることが考えられる。

より積極的にいえば，地域の課題，実名報道，タイアップ番組，社会を二分して公平性が問題になるような論点（例えば憲法改正国民投票運動時のCMの扱い等）等，社会の利益・価値観の多様化にも関連して，取材・報道の方針を定めることが難しいものが増えてきている。そのような方針を策定し番組を制作・編集することは，最終的には専門職能としての放送事業者の自主自律の問題であるが，それ以前に，あらかじめ審議会委員の意見を聴取する，報道現場との意見交換を行う等して，自主的な決定の参考にすることが考えられる。さらに，放送・通信が連携したサービスや視聴履歴の利活用等，狭い意味での番組を超

えた．しかし番組やメディアの機能と密接に関わるような新サービス展開において，番組審議会との意見交換も有用であるように思われる。

　このような番組審議会の活性化を求める際には，番組審議会が「お客様」ではなく，放送事業者にとってどのような機能を果たすべきと考える目標を共有し，必要があればそれを自己検証し，視聴者との関係で公開性・透明性を高めることであろう。

|5-3| 放送界・民放連に期待される取り組み

　このような，変化する環境において放送の社会的役割を意識し，それに合わせて番組審議会の機能を具体的に定義し直して活用していくためには，放送界全体としての取り組みも必要であるように思われる。

　民放連の放送基準審議会は 2016 年度から番組審議会活用のための調査研究を業務の柱に加えており（田嶋，2017：18），また機関誌『民放』では従来から掲載されていた番組審議会議題一覧のほかに，番組審議会担当者が寄稿するシリーズ「わが社の番審」が 2017 年 5 月号から始まっている。このような民放連の新しい取り組みは番組審議会の活性化の環境作りとして望ましいことで，進んでベストプラクティスの共有まで視野に入れるべきだろう。

　他方で，各社の番組審議会のホームページに飛んでいけるポータルサイトや，番組審議会とはどのような制度なのか理解を促進するコンテンツを作成する等，公衆一般に対する番組審議会の透明性を向上させる取り組みも考えられるだろう。

　また，ローカル局が各地域で適切な番組審議会委員を選任しようとすると，キー局等とは異なる困難があるように思われる。そこで例えば，NHK を含めて他の放送事業者における番組審議会委員経験者の名簿や，委員候補者たり得る有識者の一覧を調製して，ローカル局を支援することが考えられる。また，番組審議会制度の趣旨，審議会委員経験者の体験談等を整理したハンドブックのような，委員就任に当たっての研修資料も役立つのではないか。

　放送番組向上委員会のアンケートでも一定の支持を得ていた番組審議会相互

の連絡は，系列・地域内では一定程度取り組みがあると思われるが，全国的に
番組審議会委員（長）が会合をもつことも，一定の意味があるように思われる。[7]
最後に繰り返しになるが，とりわけ BPO 放送倫理検証委員会との意見・情報
交換を深めることは，放送の自主自律を守るための番組審議会制度の活性化に
とって役立つのではないだろうか。

┃ 引用・参考文献 ┃

小川明子（2017）「番組審議委員会における審議概要の内容分析―在京民放テレビ 6 局の公
　開データ（2012-2016）を例に」『メディアと社会』9 号

音好宏（2008）「放送局における第三者機関の役割下　NHK 経営委員会の権限強化と番組審
　議会の実態」『AIR』21 号

桂敬一（2001）「『あるべき番審』と放送の自主自律基盤の強化」『月刊民放』2001 年 6 月号

金澤孝（2012）『放送法逐条解説（改訂版）』情報通信振興会

鳥山拡（2013）「十二歳の放送番組審議会」『放送批評の 50 年』学文社（初出は 1971 年）

黒田勇（2008）「番審改革試案　活性化で放送の自律を守れ！」『GALAC』2008 年 5 月号

佐藤正晴（2000）「日本における番組審議会に関する論議」『尚美学園短期大学研究紀要』12 号

宍戸常寿（2012）「放送の規律根拠とその将来」日本民間放送連盟・研究所編『ネット・モ
　バイル時代の放送―その可能性と将来像―』学文社

───（2016）「BPO の意義と課題」日本民間放送連盟・研究所編『ソーシャル化と放送
　メディア』学文社

───（2018）「放送を巡る諸課題と番組規律の在り方」放送倫理検証委員会『放送倫理
　検証委員会 10 周年記念誌　放送の自由と自律，そして BPO の役割』放送倫理・番組向上
　機構

鈴木秀美（2017）『放送の自由（増補第 2 版）』信山社

鈴木秀美・山田健太・砂川浩慶編（2009）『放送法を読みとく』商事法務

鈴木秀美・山田健太編（2017）『放送制度概論』商事法務

砂川浩慶（2008）「討議は真剣勝負！　新米番審『体験記』」GALAC 2008 年 5 月号

曽我部真裕（2012）「放送番組規律の『日本モデル』の形成と展開」大石眞先生還暦記念『憲
　法改革の理念と展開（下巻）』信山社

多賀谷一照（1995）『行政とマルチメディアの法理論』弘文堂

田嶋炎（2017）「番組審議会の活用と広告規制」『民放』2017 年 5 月号

仲佐秀雄（1998）「民放『自律』体制の新段階」『月刊民放』1998 年 6 月号

浜田純一（2018）「メディアの自由・自律と第三者機関」『論究ジュリスト』25 号

村上勝彦（2017）「公開されない番審議事録」『放送レポート』265 号

---

7) 多チャンネル時代における放送と視聴者に関する懇談会最終報告書に対しては，在京民放 5 社の番
　組審議会委員長が会談して意見交換したとされる（森，1997）。

森文弥（1997）「番組審議会は"防波堤"の役割を」『月刊民放』1997年6月号

※脱稿後，「規制改革推進に関する第3次答申」（2018年6月，規制改革推進会議）に接した。

2017年度　民放連研究所客員研究員会の構成

● 客員研究員（50音順）

内山　　隆（青山学院大学総合文化政策学部・教授）

奥村　信幸（武蔵大学社会学部・教授）

音　　好宏（上智大学文学部・教授）

春日　教測（甲南大学経済学部・教授）

宍戸　常寿（東京大学大学院法学政治学研究科・教授）

中村伊知哉（慶應義塾大学大学院メディアデザイン研究科・教授）

林　　秀弥（名古屋大学大学院法学研究科・教授）

○　三友　仁志（早稲田大学大学院アジア太平洋研究科・教授）

渡邊　久哲（上智大学文学部・教授）

● オブザーバー

前川　英樹（東京放送ホールディングス・社長室顧問）

● 事務局

民放連研究所

○は客員研究員会の座長

肩書きは，2018年3月現在

ネット配信の進展と放送メディア

2018 年 7 月 31 日　第一版第一刷発行

編　者	日本民間放送 連盟・研究所
発 行 所	株式 会社 学 文 社
発 行 者	田 中 千 津 子

東京都目黒区下目黒 3－6－1
〒 153-0064　電話(03)3715-1501　（代表）　振替　00130-9-98842
http://www.gakubunsha.com

落丁，乱丁本は，本社にてお取り替えします。　　印刷／新灯印刷株式会社
定価は，売上カード，カバーに表示してあります。　　　　＜検印省略＞

ISBN978-4-7620-2823-6